SCREEN LOVERS

SCREEN LOVERS

ANNE BILLSON
VORWORT VON STEWART GRANGER

FOTOS VON
THE KOBAL COLLECTION

Orbis Verlag

FÜR MEINE ELTERN

Aus dem Englischen übertragen von Henriette Zeltner

Erstveröffentlichung 1988 bei
Conran Octopus Limited
37 Shelton Street
London WC2H 9HN

ISBN 3-572-07332-4

Art Editor Ruth Prentice
Designer Pam Drewitt Smith
House Editor Joanna Bradshaw
Editor Mary Davies
Editorial Assistant Simon Willis
Production Michel Blake

Der Verlag möchte sich bei folgenden Verleihen und Filmgesellschaften für die Szenenfotos und Studioporträts dieses Buches bedanken: Algi/Emelka, American International Pictures, André Paulvé, Argos, Batjac, British Lion, Cannon, Cinéguild, CIP, Cocinor, Columbia, DeLaurentiis, Embassy, First National, Gainsborough, Gaumont, Handmade Films, ICI, Landau/Park, Les Films du Carosse/TFI, Les Films Marceau, London Films, Merchant-Ivory, MGM, Nouvelles Editions, NSWFC, Ossard/Beneix Productions, Orion, Palomar/Associates and Aldrich, Paramount, Paris/Juno Films, Pax Films, Phototeque, Ponti, Productions Artistes Associés, Rank, RKO, Alexander und Ilya Salkind, Selznick International, Seven Arts, SNC, Svensk Filmindustri, Touchstone/Buena Vista, Twentieth Century-Fox, United Artists, Universal, Warner Bros.

Foto Seite 2: Rita Hayworth und Glenn Ford in *Gilda* (1946)

INHALT

VORWORT
VON STEWART GRANGER

Meine Mutter war ein großer Kino-Fan. Zugleich litt sie aber an Klaustrophobie, und da mein Vater, Offizier in der Army, sich rein gar nichts aus Filmen machte, war ich seit meinem siebten Geburtstag ihr Begleiter.

Ich sehe uns noch heute im Dunkeln nach Plätzen nahe beim Ausgang suchen, um schnell wieder draußen zu sein, wenn sie Platzangst bekam. Meine Augen hingen an der flimmernden Leinwand, während ich gleichzeitig schreckliche Angst hatte, wieder einmal mitten in der spannendsten Szene hinausgezerrt zu werden. Damals war die Leinwand noch größer, viel größer – besonders für einen siebenjährigen kleinen Jungen. Szenen wie das Wagenrennen in »Ben Hur« (1926), Douglas Fairbanks einsamer Kampf gegen fünfzig Piraten oder der Sturm auf die Bastille in »Scaramouche« (1923) kommen mir ins Gedächtnis. Wenn sich aber gerade eine Liebesszene zutrug, mußte man mich nicht lange zum Gehen überreden. Wie den meisten kleinen Jungen war mir die »Knutscherei« eher peinlich, langweilig, ja irgendwie eklig – und gerade in den zwanziger Jahren waren Liebesszenen besonders »in«...

Damals kam es aber noch auf die Vorstellungskraft der Zuschauer an, was durchaus erotisch sein kann. Heutzutage schreckt man vor nichts mehr zurück, und meiner Ansicht nach haben die meisten modernen Liebesszenen dadurch jegliche Erotik eingebüßt, sie sind nur mehr physisch, animalisch. Ich frage mich, wann Filmemacher begreifen werden, daß die Kopulation einfach kein besonders schöner Anblick ist, vor allem in Nahaufnahme und mit allem dazugehörigen Gestöhne. – Furchtbar peinlich! Mit zunehmendem Alter begann ich, die Liebesszenen weniger abstoßend zu finden, und ich erinnere mich noch genau an mein Gefühl der Bewunderung, als der stattliche Ramon Navarro in »Scaramouche« die wundervolle Alice Terry küßte. Sie waren ein wunderschönes Paar und ihr Kuß so zart, daß nicht einmal ein Neunjähriger das abstoßend finden konnte. Natürlich ahnte ich damals noch nicht, daß ich eines Tages selbst Navarros Rolle für Metro-Goldwyn-Mayer spielen und zwei Starschauspielerinnen küssen würde. Ich genoß es aber ebenso, wenn mein Held Rudolph Valentino in »Die vier apokalyptischen Reiter« (1921) dieselbe Lady küßte. In »Der Scheich« ging er dagegen meiner Ansicht nach etwas zu weit. In »Der Sohn des Scheichs« begriff ich nicht, was vor sich ging, da Valentinos Partnerin, Agnes Ayres, immer in Ohnmacht zu fallen schien, nachdem er sie geküßt hatte. Interessant, dachte ich mir, und hätte zu gerne gewußt, was sein Trick war, aber ich kam nie dahinter. Jahrelang versuchte ich mein Bestes, doch nicht eine meiner Partnerinnen wollte in Ohnmacht fallen, wenn ich sie küßte oder sonst etwas tat.

Phyllis Calvert und Stewart Granger in »The Magic Bow« (1947)

»Wir lieben einander – und das ist das einzige, das zählt.« Stewart Granger, in der Rolle des Geigers Paganini, spricht ein immer wiederkehrendes Gefühl vieler Filmpaare aus.

Meinen ersten leidenschaftlichen Kuß vor der Kamera brachte eine erste Hauptrolle im Jahr 1943 mit sich. Ich kam frisch von der Army, und nach der Rolle in einem Stück neben dem großartigen Robert Donat hatte ich das unglaubliche Glück, den Part des Helden in »Der Herr in Grau« mit James Mason in der Titelrolle zu bekommen. Ich glaube, meine Partnerin war nicht gerade verliebt in mich oder ich in sie: Trotzdem drehten wir gemeinsam drei Filme mit leidenschaftlichen Liebesszenen. Bald erkannte ich, wie furchtbar schwierig es ist, Liebesszenen mit jemand zu spielen, den man nicht besonders mag.

Eines Abends, es war während des Krieges, fuhr ich nach einem anstrengenden Drehtag mit lauter romantischen Szenen durch das zerbombte London nach Hause. Ich machte mir Sorgen wegen der am nächsten Morgen für acht Uhr anstehenden leidenschaftlichen Liebesszene. »Ich kann es einfach nicht!«, beklagte ich mich bei meiner Frau. Sie gab mir einen Drink und versicherte mir, alles würde in Ordnung gehen; insgeheim war sie wohl eher erfreut, daß mir die Liebesszene mit dieser wirklich wunderschönen Frau solchen Kummer bereitete.

Wir drehten die Szene natürlich, doch sie fiel mir nicht leicht. Man kann sich vielleicht auf der Bühne verstellen, nicht aber vor der Kamera; sie ist wie ein unbestechliches Auge, dem nichts entgeht. Irgendwie mußt du dir eben einreden, daß du die Frau, die in deinen Armen liegt, wirklich liebst und begehrst; daß du sie aufregend findest. Und das alles unter den eher desinteressierten Blicken einer rund siebzigköpfigen Filmcrew; was aber noch schlimmer ist: solche Szenen als erste, gleich morgens um acht, zu spielen.

Irgendwo las ich einmal, daß Greta Garbo und John Gilbert, bevor eine Liebesszene gedreht wurde, als

Jean Simmons und Stewart Granger in »Young Bess« (1953)
Ein Ehepaar im wirklichen Leben in der Rolle eines historischen Liebespaars. Prinzessin Elizabeth, die zukünftige Königin, mit dem schneidigen Seemann Tom. Eine kaum bekannte Romanze.

Einstimmung zu Geigenklängen Champagner nippten. Das war allerdings noch in den Tagen des Stummfilms. Zu meiner Zeit war von solchen Bräuchen nichts mehr übrig geblieben. Meist trieb uns ein mißlauniger Produzent an: »Bringt endlich die verdammte Szene in den Kasten« und »hört endlich mit dem Getue um ihre Frisur.

Manche Leute glauben, es sei die einfachste Sache der Welt, eine Frau in die Arme zu nehmen und zu küssen. Irrtum! In Wirklichkeit war man dauernd damit beschäftigt, die richtige Haltung einzunehmen, so daß man nicht etwa ihre Augen, ihre Nase oder ihre Wangenknochen verdeckte, den Lippenstift verschmierte oder die falschen Wimpern verschob. Blieb das Make-up unbeschadet, dann gab es meist Ärger mit der Frisur, was noch viel schlimmer war. Während der Liebesszenen hatte ich mir angewöhnt, bevor es zum Höhepunkt, dem Kuß, kam, meine Partnerin am Hinterkopf zu fassen, um ihren Mund dorthin zu dirigieren, wo ich ihn haben wollte und mich nicht mit dem Lippenstift zu verschmieren. Dabei hatte ich aber ihre Frisur außer acht gelassen, und es verging eine ganze Stunde mit neuerlichem Frisieren. Beim Produktionsteam erfreute ich mich deshalb keiner sonderlichen Beliebtheit. Heute dagegen – je zerwühlter die Haare, desto realistischer und desto besser. Zu meiner Zeit sollten Liebesszenen aber noch hübsch und adrett sein.

Für mich gab es außerdem noch den persönlichen, menschlichen Aspekt solcher Szenen. Ich spielte in zahlreichen Kostümfilmen, und da bekam man aus Budgetgründen jedes Kostüm nur in einer einzigen Ausführung. Jeden Abend nach den Dreharbeiten wurden diese Kostüme dann trocken gereinigt. Nun kommt man bei den Dreharbeiten ja häufig ins Schwitzen, und nach einigen Reinigungen entwickelte jedes Kostüm in der Hitze der Scheinwerfer einen zwar sehr persönlichen, aber kaum romantischen Geruch. Ständig quälte mich der Gedanke an Mundgeruch, und ich verwendete immer ein Mundspray, außerdem natürlich auch ein Deodorant. Einige meiner Partnerinnen aber schienen sich über so etwas nicht den Kopf zu zerbrechen, besonders jene, die Knoblauch liebten!

Viele Filme enthalten leidenschaftliche Szenen, in denen sie in seinen Armen schluchzt. Eine meiner Partnerinnen liebte es, in die Kamera zu weinen; wegen eines herabgefallenen Hutes konnte sie eine wahre Tränenflut hervorbringen. Das sprach allerdings nicht unbedingt für ihr dramatisches Talent, sondern für eine gute Steuerung der Tränendrüsen. Die Sache hatte aber auch einen Haken: wenn sie weinte, lief ihre Nase, und es ist nicht leicht, eine Frau mit rinnender Nase leidenschaftlich zu küssen.

Eines aber ist gewiß, ich hätte keine Liebesszene im heutigen Stil spielen können; vermutlich wäre es allen anderen Schauspielern des romantischen Fachs zu meiner Zeit ebenso ergangen – vielleicht mit der einzigen Ausnahme meines alten Freundes Errol Flynn. Könnten Sie sich zum Beispiel Jimmy Stewart vorstellen, wie er sich die Kleider vom Leib reißt und ins Bett springt? Oder Gary Cooper und Ronald Colman? Glauben Sie wirklich, »Duke« Wayne hätte sich für so etwas hergegeben? Gerade er, der seine Partnerinnen kaum küßte, sondern eher zu Tode umarmte! Ich persönlich kann mir einfach nicht vorstellen, wie die Schauspieler es heute fertigbringen, sich ohne viel Umstände auszuziehen, um sich mit einer (fast) nackten Partnerin im Bett zu wälzen und Orgasmen vorzuspielen. Ich habe Hauptrollen in etwa fünfzig Filmen gespielt, die meisten davon waren romantisch und enthielten das, was wir leidenschaftliche Liebesszenen nannten. Meine Partnerinnen waren so phantastisch schöne Frauen wie Rita Hayworth, Grace Kelly, Ava Gardner, Elizabeth Taylor, Jean Simmons und Deborah Kerr, doch niemals wäre mir auch nur der Gedanke gekommen, mich mit meinen Händen den intimen Zonen ihres Körpers zu nähern! Heute dagegen wird gegrapscht, getätschelt, gelutscht und geleckt, und vielleicht würde mir das – wäre ich fünfzig Jahre jünger – alltäglich erscheinen. Ich wage es aber zu bezweifeln.

Wenn der Mensch mehrere Leben besitzt, dann, lieber Gott, laß mich kein romantischer Schauspieler mehr werden, lieber ein dramatischer!

EINLEITUNG

Im Jahre 1896 legten May Irwin und John C. Rice ihre Lippen aufeinander und machten Kinogeschichte. Sie waren nicht gerade ein blendendes Paar, und der fragliche Film, Edisons »The Kiss«, dauerte nicht einmal eine Minute. Da blieb keine Zeit für Nebensächlichkeiten wie eine Handlung oder Entwicklung der Charaktere. Und doch war hier der Leinwand-Liebhaber geboren.

Bewegte Bilder fingen nun ein, was bis dahin ein intimer Akt gewesen war und gaben ihn, stark vergrößert, der Öffentlichkeit, einem Publikum preis. Voyeurismus würde nie mehr das sein, was er bislang war; er würde vielmehr als Massenspektakel legitimiert und von Hunderten von Menschen in einem dunklen Saal praktiziert. In den folgenden Jahren entwickelten sich die flimmernden Sondervorstellungen zur geschichtenerzählenden Industrie; die Zuschauer konnten die Liebenden auf der Leinwand nicht mehr nur beobachten, jetzt fühlte das Publikum mit und versetzte sich in seine Helden hinein. Die »bewegten« Bilder waren zu »bewegenden« geworden.

Kino bedeutet mehr als Kinematographie. Filme können uns zum Weinen oder zum Lachen bringen, Angst oder Ehrfurcht in uns wecken. Wie spektakulär oder befremdend der Inhalt eines Films auch sein mag, wenn wir uns an gewisse realistische Gefühle klammern können, sind wir zu jedem Streifzug der Phantasie bereit. Wir hätten nicht alle Majestäten oder Mörder, Heilige oder Halunken werden können, doch wir alle haben Erfahrung mit den lebenswichtigen Gefühlen. Wenn es einem Film gelingt, uns in seinen Bann zu ziehen, dann deshalb, weil er von Gefühlen handelt, die wir selbst schon durchlebt haben. Teure Aufmachung, interessante Konzepte, ungewöhnliche Kameraführung, das allein genügt nicht, unsere Aufmerksamkeit für längere Zeit zu fesseln. Wo der materielle Wert der Produktion emotionalen Mangel kaschiert oder die Ideen des Regisseurs für uns nicht nachvollziehbar sind, da werden Langeweile, Protzigkeit und schlechte Einspielergebnisse das Ende sein. Die besten Filmgeschichten bestehen nicht nur aus »Action«, sondern ebenso aus Re-Aktion.

Innerer Monolog und Ich-Erzählung bilden gute Grundlagen für einen Roman; im Kino aber, wo es um Gefühle geht, braucht man zwei Menschen für eine Liebesgeschichte. Wohl gibt es hier Ausnahmen, doch es sind wenige. Das Grundelement der Handlung ist die Entwicklung irgendeiner Art von Beziehung. In

▲ **May Irwin und John C. Rice in »The Kiss« (1896)**

◀ **Laraine Day und Robert Mitchum in »The Locket« (1946)**
Der Mann mit den »Schlafzimmeraugen«.

den meisten Fällen handelt es sich um die emotionale Beziehung zwischen einem Mann und einer Frau, weil dies für eine Mehrheit von Zuschauern die Realität darstellt. Gleichgeschlechtliche Beziehungen werden, wenn nicht sogar als sexuelle Verirrung, als Variationen der »Normalität« geschildert.

Das Kino hat der Liebe einen beinah religiösen Stellenwert gegeben, als Zuflucht vor der Realität einerseits, zum anderen als etwas, wofür es sich zu leben lohnt. Das Vertrauen in die Liebe, ähnlich wie der Glaube an Gott, kann der Sinnlosigkeit der menschlichen Existenz einen Sinn geben. Freundschaft, Elternliebe, Vaterlandsliebe, sie alle spielen im Film gelegentlich eine Rolle, doch die Liebe zwischen Mann und Frau ist sicherlich das zeitloseste Thema. Liebe, das ist geheimnisvoll und einfach zugleich; und gerade diese Ambivalenz macht sie zum unbeschränkt verfilmbaren Gefühl. »Liebe« kann eigentlich nur der vage Oberbegriff sein für unzählige miteinander verknüpfte Gefühle: Zuneigung, Vertrauen, Abhängigkeit, Begierde, Lust, Eifersucht, Furcht und Abscheu. Liebe als Abkürzung für eine ganze Skala menschlicher Emotionen, die von den Liebenden auf der Leinwand in allen Nuancen dargestellt wird. Ob sich ihre Leidenschaften aneinander entzünden, ob sie sich und den andern ironisieren, ob sie auf Wolken schweben, von Harmonie trällern oder Gift verspritzen, immer geht es um irgendeine Art emotionaler Bindung.

Liebende gibt es durchaus nicht nur im romantischen Film, auch wenn die Klassiker, an die man als erstes denkt, wie »Camille« (1936), »Vom Winde verweht« (1939) oder »Casablanca« (1942), alle diesem Genre entstammen. Genausowenig beschränkt sich das Frauenbild im Liebesfilm auf den Typ Bette Davis, Joan Crawford oder Barbara Stanwyck, der permanent in »Affairen von Herz und Heim« schwelgt. Ganz im Gegenteil haben Liebende in jedem Filmgenre (mit Ausnahme der Dokumentation) ihren Platz gefunden; wie Chamäleons paßt sich ihr Stil dem jeweiligen Filmtypus an.

So gibt es Beispiele im Komischen Film, die ihren Witz aus dem Unterschied zwischen Mann und Frau beziehen: So z. B. wenn Margaret Dumont geradezu stoisch Grouchos versteckte Andeutungen übersieht; man denke auch an die beinah unüberwindliche Wand zwischen Clark Gable und Claudette Colbert in »Es geschah in einer Nacht« (1934). Im Musical ist Romantik der Ausgangspunkt von Text und Choreographie: jeder Fred bekommt seine Ginger, jeder Junge seine Braut. Und wenn sie verliebt sind, hält sie nichts auf der Welt davon ab, ein Liebeslied zu trällern. Ein gutgedrehter Walzer kann schließlich eine ebenso erotisierende Wirkung haben, wie die leidenschaftlichste Umarmung – alles zu seiner Zeit.

Im Thriller ist es die sexuelle Obsession, die, wie in »Frau ohne Gewissen« (1944), den braven Kaufmann Fred MacMurray in Barbara Stanwycks mörderische Falle treibt oder zahlreiche Helden des »film noir« in Mord und Intrigen verstrickt. Im Epos vermag die Liebe Kriege auszulösen, mit ihren Tränen Weltreiche ins Wanken zu bringen; oder sie repräsentiert individuelles Glück, das für König, Volk oder Vaterland geopfert werden muß. Liebe kann dem Gesellschaftsdrama etwas von seiner drückenden Schwere nehmen oder den großen Männern und Frauen der Geschichte eine gewisse Wärme, Lebendigkeit verleihen. Wo wäre Lord Nelson ohne Lady Hamilton, Napoleon ohne Josephine? – Ohne Zweifel hätten sie ihre Schlachten genauso gewonnen, ihr menschliches Antlitz dagegen hätte sich im Dunst der Geschichte verloren. Horror- und Science-fiction-Filme stellen sich oft als Love Stories mit gruseligem Touch dar. »King Kong« (1933) und »Creature from the Black Lagoon« (1954) sind nicht weniger anfällig gegenüber sexuellen Reizen als ihre schönen Schauspielkollegen.

Im Western oder Kriegsfilm stehen die Liebhaber zwar nur eingeschränkt zur Verfügung, denn ihre Hauptbeschäftigung ist es, schnell zu reiten, ein hartes Leben zu führen und zielgenau zu schießen. Und doch haben auch ihre Gefühle eine Daseinsberechtigung, nämlich den Helden daran zu erinnern, daß zu Hause jemand wartet, für den es zu kämpfen lohnt.

Das Kino hat, in seiner leidenschaftlichen Beziehung zu Liebe und Romantik, immer in gewissem Ausmaß die gesellschaftlichen Strömungen seiner Zeit wiedergegeben. Doch wie alle Liebesbeziehungen hat auch diese zwei Seiten. Der Film versucht, sich an einer Wirklichkeit zu orientieren, die bereits von den Träumen eines Kinopublikums beeinflußt ist. So verstrickt sich das Kino in seine eigene Märchenwelt und verschönert zugleich mit dieser Phantasmagorie den tristen Alltag. – Ein Kreislauf ohne Anfang und Ende. Das Romantik-Verständnis des zwanzigsten Jahrhunderts ist entstanden aus dem jahrzehntelangen Bild der Liebenden: Weichzeichner und Nahaufnahme, dazu volltönende Klänge, jubilierende Chöre oder Rachmaninoffs Klavierkonzert Nr. 2 im Hintergrund.

Die Liebenden der Leinwand haben gute Vorarbeit geleistet, denn alle Nuancen von Schlüssel-Sätzen wurden uns von ihnen schon vorexerziert. Da sagt er zum Beispiel: »Schau mir in die Augen, Kleines.« Sie

Greta Garbo und Gavin Gordon in »Romance« (1930)
In flagranti beobachtet von Regisseur Clarence Brown und Kameramann William Daniels.

darauf: »Verlang nicht nach dem Mond, wenn wir die Sterne besitzen.« Wie sagt doch Jack Lemmon über Tony Curtis' Cary-Grant-Imitation in »Manche mögen's heiß« (1959): »So spricht kein Mensch.« Wir tun es heute, oder versuchen es zumindest. Unsere intimsten Gespräche stecken voll indirekter Bezüge und Zitate, und wir verbergen uns selbst dahinter. Das Kino hat uns unsere Vorstellungen und Erwartungen an das Leben und die Liebe offenbart. Doch welche Frau wäre nicht überwältigt von einer Mischung aus Cary Grant, Robert Mitchum und Sean Connery? Grant selbst hatte Probleme mit seinem populären Image. »Jeder will wie Cary Grant sein, aber das will ich selbst sein!« Und welchem Mann wäre schon eine Kombination aus Rita Hayworth, Sophia Loren und Brigitte Bardot begegnet, wo die Hayworth selbst sich beklagte »jeder Mann verliebt sich in Gilda und wacht dann mit mir auf«. Wenn es also schon den Göttern und Göttinnen der Leinwand unmöglich war, ihr eigenes perfektes Film-Image zu leben, welche Chancen sollen da wir gewöhnlichen Sterblichen haben?

Wo es um Liebe geht, da ist auch Sex im Spiel, und dem Kino ist es gelungen, die Grenze zwischen den beiden zu verwischen. Die Liebesgöttinnen des Films – Hayworth, Monroe, Bardot – waren in Wirklichkeit Sexsymbole. Sie repräsentierten die Frau als etwas, das man verehrt oder begehrt, als idealisierte Figur, ohne Alltag oder Verantwortung. Es gab nie eine Frau wie »Gilda«, und sie hätte auch niemals das Mittagessen gekocht. Doch Realität kann man schlecht verkaufen; und damit läßt sich der Durst des Publikums nach einer Traumwelt sicher nicht stillen. Im Film stehen die Liebenden mit mindestens einem Fuß in Fantasy-Land, wo es keine Steuererklärung gibt, der Haushalt sich von selbst erledigt und die Liebesangelegenheiten im Mittelpunkt stehen, abgehoben von allen irdischen Belangen.

Bis in die sechziger Jahre waren die Filmemacher wegen Zensur und öffentlicher Meinung gezwungen, Sexualität mit einer Kombination aus Suggestion und Symbolismus zu handhaben; wobei die an das Unterbewußtsein appellierende Erotik solcher Darstellungen meist beeindruckender ist als eine Menge Verrenkungen in Nahaufnahme. Die Leidenschaft wuchs proportional mit den Hindernissen, und die Gefühle der Liebenden wurden durch erzwungene Trennung, selbstlose Entsagung, Krankheit oder Tod sogar noch intensiviert. Kam es zu Körperkontakt, beschränkte man sich in der Regel auf eine Umarmung und einen Kuß, alles weitere blieb gezwungenermaßen der Phantasie der Zuschauer überlassen.

In den Siebzigern, als die ausführliche Bettszene zum unerläßlichen Bestandteil einer Film-Beziehung geworden war, schien die Abgrenzung zwischen Liebe und Sex völlig aufgehoben. In Wirklichkeit hatte sich die Trennung zwischen den beiden aber sogar verschärft. Im besten Fall fügte eine Sexszene eine neue Handlungsebene zwischen den Liebenden hinzu; meist handelte es sich um ein rein mechanisches, gefühlsarmes Zwischenspiel, das die eigentliche Filmhandlung nicht weiterbrachte, sondern die Kassen füllen sollte. Irrelevant für die Geschichte drumherum, entfernte sich Sex damals nicht nur weit von der Liebe, sondern auch vom »normalen« Leben.

In den frühen, weniger freizügigen Tagen des Kinos bedeutete die Tatsache, daß »richtiger« Sex verboten war, nicht, daß man nicht daran dachte. Im Gegenteil lag die Möglichkeit geradezu verheißungsvoll über der Leinwand, in den Köpfen der Zuschauer. Und das ist wohl ein uraltes Paradoxon der Erotik: Weniger ist mehr. Der Anblick von Jack Nicholson und Jessica Lange auf dem Küchentisch in dem 1981er Remake von »Wenn der Postmann zweimal klingelt« vermittelt sicher einen weniger starken Eindruck von allesverschlingender Begierde als die absichtsvoll gedämpften Gefühle, geschürzten Lippen und verschwörerischen Blicke zwischen Lana Turner und John Garfield im Original von 1946.

Die Zeit hat eine seltsame Wirkung auf die Liebenden der Leinwand. Theda Bara mit ihren schwarzumrahmten Augen als theatralischer Vamp mag uns heute hoffnungslos antiquiert erscheinen. Die Filme von Janet Gaynor und Charles Farrell kommen uns schrecklich naiv, die der Jeanette MacDonald und Eddy Nelsons einfach lächerlich vor. Geschichten, die »gefallene« Frauen zu lebenslanger Erniedrigung, zu selbstloser Entsagung verdammen, während die Männer unbeschadet von einer Eroberung zur nächsten wandeln – da sträuben sich einem – im Licht unserer postfeministischen Zeit betrachtet – wohl die Haare. Doch es kostet uns nur ein wenig Einfühlungsvermögen in die jeweilige Zeit, um auch solche Filme zu genießen und mit Vergnügen die Absichten ihrer Macher zu durchschauen. Und die wirklichen Klassiker, die auf einer bestimmten emotionalen Wahrheit gründen, berühren uns an den entscheidenden Stellen schließlich heute noch.

Die Liebespaare im Film sehen heute sicher ganz anders aus. Ihr modus operandi, die Worte, die sie sich ins Ohr flüstern (gelegentlich auch ins Gesicht schreien), haben sich im Laufe der Jahre geändert. Doch sie sind immer noch mächtig dort oben und beeinflussen, wie in der Vergangenheit, unser eigenes Leben. Das Kino hat seine Leading Ladies und Leading Men, ihre individuellen Karrieren sind aber undenkbar ohne die gegenseitige Anziehung, die sie untrennbar verbindet. Ihre wechselseitige Beziehung, an der wir teilhaben dürfen, ist die stärkste emotionale Bindung, die das Kino zu bieten hat. In der Tat sind wir privilegierte Voyeure.

Clark Gable und Joan Crawford in »Possessed« (1931)

Einer der acht Filme, die sie gemeinsam drehten. Obwohl er Joan Crawford verhaut und sie »kleines Flittchen« nennt, gewinnt Gable mit dieser Darstellung enorme Popularität beim weiblichen Publikum.

DIE SIEBEN ZEITALTER

DIE STUMMFILM-ÄRA

Die ersten Darsteller in Liebesfilmen kamen vom Theater und steckten noch in den Konventionen des Viktorianischen Melodrams. Charaktere waren Stereotypen von Gut und Böse. Wahre Liebe galt als Lohn der Tugend, Sex war das Instrument sündiger Männer und Frauen, um die Guten vom rechten Weg zu locken. Ein ehernes Filmgesetz etablierte sich: Das Publikum wünscht, die moralischen Lehren in erregender Verpackung serviert zu bekommen. Schlußendlich soll zwar die Tugend siegen, doch sind es das Laster und die schaurige Schilderung seiner Details, die den Zuschauer fesseln.

Die Kunst der Verführung war keine typisch amerikanische Eigenart. So schuf Hollywood die exotische Fremde für die Rolle des schlechten Mädchens oder Vamps. Theodosia Goodmann, die Schneiderstochter aus Cincinatti, verwandelte sich in Theda Bara; Rheatha Watson aus Richmond/Virginia wurde Barbara La Marr. Aus der Sicht Hollywoods war alles Ausländische und besonders Paris Synonym für sexuelle Freizügigkeit: Die Regisseure mußten in ihre Studioszenen nur ein Standbild des Eiffelturms einblenden, um dem Publikum zu verstehen zu geben, daß alles folgende irgendwie anzüglich sei.

Gegen Ende des Ersten Weltkriegs waren die Zuschauer der durchsichtigen Dramen von Gut und Böse müde und verlangten nach etwas Anspruchsvollerem, Subtilem. Cecil B. De Mille kam mit Gesellschafts-Komödien wie »Wechsle Deinen Ehemann nicht« (1919) und »Warum die Frau wechseln?« (1920) in die Kinos und machte einen Star aus Gloria Swanson. De Milles zeitgenössische Geschichten von Ehebruch und Treue waren versetzt mit Exkursen zu den Fleischtöpfen des alten Rom und Babylons; auf diese Weise konnte er die verlangten Moralpredigten unterbringen und sich trotzdem in ein paar orgiastischen Szenen austoben.

Die europäischen Filmemacher waren damals etwas wagemutiger als die Kollegen in Hollywood. Deutsche Filme, wie Karl Grunes »Die Straße« (1923) boten realistische Darstellungen vom Leben und der lockeren Moral der Unterschicht. Vergleichbares aus Hollywood lieferten höchstens die Werke Erich von Stroheims: »Närrische Frauen« (1922) und »Die lustige Witwe« (1925) schwelgten in Wollust und Perversion, wenngleich ihre Dekadenz durch scharfe psychologische Analyse relativiert wurde.

Sexuelle Leidenschaft blieb exotischen Außenseitern vorbehalten; etwa Hollywoods erstem männlichen Sex-Symbol, Rudolph Valentino, der mit den netten, typisch amerikanischen Stars wie Harold

Gloria Swanson in »Warum die Frau wechseln?« (1920)
Der chicste aller Stummfilmstars in einer von Cecil B. De Milles beliebten Gesellschafts-Komödien.

Vilma Banky und Rudolph Valentino in »The Son of the Sheik« (1926)
Das erste männliche Sex-Symbol der Leinwand in seinem letzten Film.

Lockwood oder Conrad Nagel nichts gemein hatte. Als Araber, Argentinier oder Franzose warb Valentino im großen Stil um die Frauen, sein Handkuß war von einem bedeutungsvollen, erregenden Blick begleitet. In Filmen wie »The Four Horsemen of the Apocalypse« (1921) und »Der Scheich« (1921), spürte man, daß er sich nehmen würde, wonach er verlangte, nötigenfalls mit Gewalt. Auf seiten der Frauen spezialisierte sich die geborene Schwedin Greta Garbo auf die Rolle der Verführerin und gefallenen Frau in Filmen, wie »Das Fleisch und der Teufel« (1927) und »A Woman of Affairs« (1929).

Amerikanische Frauen hatten sich mit »It« zu begnügen. Diesem gewissen Etwas der neuen, freizügigen Weiblichkeit, den »flappers« und Karriere-Mädchen der Roaring Twenties. Clara Bow spielte die Hauptrolle in »It« (1927) und wurde zum »It-girl«; geprägt wurde dieser Begriff von Elinor Glyn, einem selbsternannten Romantik-Experten und Autor von »Three Weeks«, einer ländlichen Romanze, verfilmt im Jahr 1924 und unzählige Male imitiert.

▲ **Norma Shearer und Ramon Novarro in »Der Studentenprinz« (1927)**
Der Prinz und der Student lassen Blumen sprechen. Ernst Lubitschs charmante Stummfilmversion der Operette von Sigmund Romberg.

▶ **Theda Bara in »Cleopatra« (1917)**
Der Charme der Exotin. Die erste femme fatale in der Rolle der bekanntesten Verführerin der Geschichte.

DIE SIEBEN ZEITALTER

DIE DREISSIGER JAHRE

Der Ton im Film lieferte den Liebenden ein neues Mittel der Verführung: die Stimme. Allerdings wurden jene ausgesiebt, deren Stimme nicht zu ihrem Image paßte. Helden mit Piepsstimme waren out, aber ebenso romantische Darstellerinnen mit der Diktion eines Ladenmädchens aus Brooklyn. Der Ton brachte auch die Skriptautoren in Schwierigkeiten: Was sich als Untertitel wie der Gipfel des Verlangens las, wirkte oft, laut ausgesprochen, einfach lächerlich.

Liebe auf der Leinwand bot während der Wirtschaftskrise Zuflucht vor der tristen Wirklichkeit. Liebespaare tauchten jetzt auch in Gesellschaftsdramen und Gangsterfilmen auf, und obwohl sich die Abgrenzung zwischen guter und schlechter Frau zusehends verwischte, war sie doch noch vorhanden. Irgendwo in der Mitte stand das unabhängige Mädchen, das »Karriere« macht, das als Sekretärin, Verkäuferin oder Chormädchen arbeitet. Wie immer aber war verruchte Leidenschaft beliebter als biederes Eheglück. Treuebruch und vorehelicher Verkehr wurden zwar niemals verziehen, doch bildeten sie die Grundlage vieler Filmhandlungen. In der Komödie ersetzte verbale Witzelei den Slapstick der Stummfilmzeit. In Perfektion bekommt man das in verrückten Lustspielen zu hören, in denen das Leben der Hauptperson durch die Liebe plötzlich auf den Kopf gestellt wird.

Marlene Dietrich gehörte, wie die Garbo, zu Hollywoods exotischen Importen für die Rolle der femme fatale und der gefallenen Frau. Sexuelle Reize spielten aber auch schon in einigen Filmen mit hausgemachten Stars eine Rolle: leichte Mädchen, wie Jean Harlow (die ohne solche Kleinigkeiten wie Unterwäsche auskam) oder Mae West, deren unverfrorener Spaß an den Männern Organisationen wie »The Catholic Legion of Decency« auf den Plan rief. Die Filmproduzenten und -verleiher Amerikas (MPPDA) gaben sich Produktions-Leitlinien (Production Code), um der von ihnen befürchteten Zügellosigkeit Einhalt zu gebieten. Der »Code« besagte, daß die Unverletzlichkeit von Ehe und Familie gewahrt bleiben sollte und »Szenen der Leidenschaft nur gestattet sind, wenn sie zum Fortgang der Handlung beitragen; außerdem, daß »exzessives und lustvolles Küssen zu unterbleiben hat« und »Verführung oder Vergewaltigung höchstens angedeutet werden dürfen«. Ehegatten im Schlafzimmer waren erlaubt, sofern sie in getrennten Betten schliefen. Verbrechen und Treuebruch durften nicht ungestraft bleiben. Jeder Film stand vom Beginn der Dreharbeiten bis zur Weitergabe an den Verleih unter ständiger Kontrolle, und Hollywood hielt sich bis Mitte der sechziger Jahre an diese Vereinbarung.

Im sündigen Europa dagegen gab es solche engstirnigen Restriktionen nicht. Huren, Zuhälter und andere Gestalten der Halbwelt waren mit einer Offenheit dargestellt, von der man in den USA nicht einmal zu träumen wagte.

Gary Cooper und Merle Oberon in »The Cowboy and the Lady« (1938)
Die Grande Dame und der Rodeo-Star: Liebe heißt, daß man sich über den unterschiedlichen Lebensstil keine Gedanken zu machen braucht. *Photograph: Bob Coburn*

Benita Hulme, Merle Oberon, Douglas Fairbanks, Joan Gardner und (sitzend) Elsa Lanchester in »The Private Life of Don Juan« (1934)

Der legendäre Liebhaber umgeben von Frauen, die die Tatsache, daß sie es schon mit einem etwas ältlichen Schauspieler zu tun haben, großzügig übergehen; es war Fairbanks letzter Film.

Marlene Dietrich in »Schanghai Express« (1932)
Die exotische Fremde, ausgestattet mit den gängigen Mitteln der Verführung: Federboa, Handschuhe und lange Zigarettenspitze.

DIE SIEBEN ZEITALTER

DIE VIERZIGER JAHRE

Die stoischen Qualitäten der Liebenden im Film traten besonders während des Krieges in den Vordergrund. »Casablanca« (1942) spiegelte die Gefühle der durch den Krieg Auseinandergerissenen, durch die patriotischen Pflichten Getrennten. Das wirkliche Leben der Kriegszeit bekam man kaum zu sehen. Auf der Leinwand gingen tapfere Mädels mit ihren Soldaten durch Dick und Dünn, denn Filme über Untreue hätten der Kampfmoral geschadet. Starlets wie Lana Turner, bekannt als »The Sweater Girl«, und Betty Grable, die mit den Millionen-Beinen, sollten auch ein bißchen was für die Jungs an der Front tun und posierten mit süßem Lächeln für Pin-ups, die in der ganzen Truppe kursierten.

Im besetzten Frankreich proklamierte Marcel Carné die Macht der Liebe in Filmen wie »Die Nacht mit dem Teufel / Die Satansboten« (1942), einer mittelalterlichen Allegorie über den Widerstand gegen die Diktatur sowie »Kinder des Olymp« (1945). Andere französische Regisseure, Jean Renoir und Julien Duvivier zum Beispiel, emigrierten in die Vereinigten Staaten. Die Machtergreifung der Nationalsozialisten hatte schon viele andere Filmgrößen, wie Max Ophüls und Douglas Sirk, aus ihrer Heimat vertrieben; sie alle fanden sich in Hollywoods Schmelztiegel wieder. In Großbritannien schwärmten besonders die weiblichen Kinofans für die melodramatischen Kostümschinken der Gainsborough Studios; in »Begegnung« (1945) wurden sie mit der tristen Realität ihres Alltags konfrontiert, übrigens eine meisterliche Umsetzung der britischen Abneigung gegen heftige Gefühle.

Die Vierziger brachten, inspiriert von den ausgekochten Helden der Thriller-Autoren Raymond Chandler, James M. Cain und Dashiell Hammett, auch einen neuen Liebhaber-Typ auf die Leinwand. Harte Männer überfluteten die Kinos; der »film noir« demonstrierte eine pessimistische Einstellung in Sachen Liebe und verschmolz Thriller mit Elementen des Melodrams. Die femme fatale erlebte ein Comeback und lockte unglückliche Helden, mit der etwas melancholischen Variation der verrückten Komödie, in ihr Verhängnis. Nicht weniger melodramatisch, doch ein bißchen idealistischer war das damalige Frauenbild; es erreichte den Inbegriff seiner selbst in klassischen Rührstücken wie »Reise aus der Vergangenheit« (1942) und »Random Harvest« (1942); Liebende, die im großen Stil mit Gefühlen ringen.

Vivien Leigh und Robert Taylor in »Ihr erster Mann« (1940)
Eine typische Kriegsromanze. Alle netten Mädchen lieben Männer in Uniform.

▲ **Margaret Lockwood und James Mason in »Der Herr in Grau« (1943)**
Eine königliche Romanze, die bei den vom Krieg geplagten Frauen Großbritanniens sehr gut ankam. Mason spielte hier eine Rolle, mit der man ihn bald identifizieren würde – den Liebhaber mit einer Spur Sadismus.

▶ **Marie Déa und Alain Cuny in »Die Nacht mit dem Teufel/ Die Satansboten« (1942)**
Marcel Carnés Allegorie auf das Leben im besetzten Frankreich. Die Liebe triumphiert selbst über den Teufel. *Photograph: G. R. Aldo*

W. C. Fields und Mae West in »My Little Chickadee« (1940)
Cuthbert J. Twillie und Flower Belle Lee: Der große Misanthrop begegnet einer Meisterin der augenzwinkernden Anspielungen.

▲ **Bette Davis und Paul Henreid in »Reise aus der Vergangenheit« (1942)**
Die »alte« Jungfer und der verheiratete Mann kommen in dieser klassischen Frauendarstellung zu einem naiv romantischen Kompromiß.

▼ **Mary Astor und Herbert Marshall in »Young Ideas« (1943)**
Das Syndrom der getrennten Betten. Hollywoods Production Code schrieb das für verheiratete Paare vor.

DIE SIEBEN ZEITALTER

DIE FÜNFZIGER JAHRE

Nach dem Krieg versuchte man stillschweigend, das gewachsene weibliche Selbstbewußtsein zu ignorieren und die Frauen wieder an den Herd zurückzubringen; sie sollten ihre Arbeitsplätze jetzt den heimgekehrten Helden überlassen. Das kesse Karrieremädchen war nicht mehr gefragt. Das Kino zeigte Frauen fortan als Ehefrauen und Mütter oder als kurvenreiche Häschen: Marilyn Monroe, Jayne Mansfield und Mamie Van Doren verkörperten das Bild der Frau als Sexbombe mit wenig Hirn. Großbritannien sprang mit Diana Dors auf den fahrenden Zug auf; die europäischen Gegenstücke wie Sophia Loren, Brigitte Bardot oder Gina Lollobrigida waren irgendwie sinnlicher und weniger eintönig. Obwohl einige dieser Schauspielerinnen später bewiesen, daß sie mehr konnten als poussieren und schmollen, herrschte in den Fünfzigern ein seltsamer Mangel an der frechen, anzüglichen Art einer Mae West oder Jean Harlow.

Die Macht der großen Studios von Hollywood war im Schwinden begriffen, was nicht zuletzt mit den Veränderungen im Verleih-System zusammenhing. Außerdem stand der Film nun in Konkurrenz zum Fernsehen. Mit exotischen Stories und technischen Erfindungen, wie 3-D und CinemaScope versuchte man das Publikum vom neuen Medium wegzulocken. Die Liebenden gerieten durch diesen Trubel, abgesehen von bestimmten Genres, zeitweise etwas ins Hintertreffen. So war die unstete Beziehung zwischen dem Held und der erotischen, eiskalten Blondine aus Alfred Hitchcocks Thriller nicht mehr wegzudenken. Douglas Sirk erhob mit »Magnificent Obsession« (1954) und »Solange es Menschen gibt« (1959) – glänzenden Remakes von John M. Stahls Melodramen – die Seifenoper zur Kunst. Fritz Langs »Engel der Gejagten« (1952), Nicholas Rays »Johnny Guitar« (1954) und Samuel Fullers »Forty Guns« (1957) zeigen Frauen wie Marlene Dietrich, Joan Crawford und Barbara Stanwyck in für sie eigentlich untypischen Rollen und verleihen dem Western eine neue Romantik.

Otto Preminger ignorierte als erster in »The Moon Is Blue« den prüden Production Code und ließ – für Hollywoods Verhältnisse unerhörte – Worte wie »schwanger« oder »Jungfrau« fallen. Die extreme sexuelle Frustration, die Tennessee Williams in seinen Stücken ausdrückt, wurde bei der Verfilmung stark abgeschwächt. In Filmen wie »Die Katze auf dem heißen Blechdach« (1958) oder »Plötzlich im letzten

Marilyn Monroe und Tony Curtis in »Manche mögen's heiß« (1959)
Das beste Beispiel für die Vorliebe der Fünfziger für kurvenreiche Dummchen. In Billy Wilders Verkleidungs-Spektakel wird die Monroe so einfältig dargestellt, daß sie ihren Geliebten nicht erkennt, weil er einen Anzug trägt.

Sommer« sind Andeutungen auf Homosexualität jedoch unverkennbar. Farbige Schauspieler, die bis dato nur als Dienstboten oder Musiker agieren durften, waren plötzlich auch als Liebende vorstellbar, so in Premingers »Carmen Jones« (1954), den er nur mit farbigen Darstellern drehte. Robert Rossens »Island in the Sun« (1957) stellt die große Ausnahme einer gemischtrassigen Beziehung dar, ein Thema, das im amerikanischen Film bis heute tabu ist.

In den fünfziger Jahren nahm man zum ersten Mal Teenager als zahlende Zuschauer ernst. Im amerikanischen Boom der Nachkriegszeit hatten die Jugendlichen ihr eigenes Geld und ihre eigene Kultur. Filmtheater und Autokinos waren hochwillkommene Chancen, der elterlichen Kontrolle und Autorität zu entkommen. Die großen Paare der Dreißiger und Vierziger machten neuen Idolen Platz: Einzelgängern und Rebellen wie James Dean und Marlon Brando. Die Jugend interessierte sich nicht für große Leidenschaften; Liebe auf der Leinwand trat neben Rock 'n' Roll, Antiautorität und Science fiction fast in den Hintergrund.

▲ Mary Murphy (3. v. l.) und Marlon Brando in »Der Wilde« (1953)
Frage: »Gegen was rebellierst Du?« Antwort: »Was hast Du anzubieten?« Der einsame Rebell steht im Mittelpunkt, Liebe erledigt er nebenbei.

▶ Troy Donahue und Sandra Dee in »A Summer Place« (1959)
Teenie-Traum-Romanze mit Schlagsahne.

Gloria Swanson und William Holden in »Boulevard der Dämmerung« (1950)
Der alternde Stummfilm-Star nimmt sich einen sturen Buchhalter als Spielzeug.

Harry Belafonte und Joan Fontaine in »Island in the Sun« (1957)
Ein seltenes Ereignis in Hollywood: die Romanze zwischen einer Weißen und einem Farbigen.

▶ Elizabeth Taylor in »Die Katze auf dem heißen Blechdach« (1958)
Die einsame Liebende in der Verfilmung von Tennessee Williams' Theaterstück.

DIE SIEBEN ZEITALTER

DIE SECHZIGER JAHRE

Hollywood war in Aufregung. Die großen Studios kämpften ums Überleben. Hausbackene Komödien mit Stars wie Doris Day wirkten hoffnungslos altmodisch im Vergleich zu ausländischen Produktionen, etwa der französischen nouvelle vague oder des britischen Free Cinema. Dort machte die Phantasiewelt der Weichzeichner dem entschlossenen Realismus Platz, und sexuelle Beziehungen erfuhren eine detaillierte, offene Schilderung. Das britische Kino versucht mit Filmen wie »Victim« (1961) oder »Bitterer Honig« (1961) Homosexualität positiv oder zumindest vorurteilsfrei darzustellen; heterosexuelle Beziehungen dagegen schienen nur aus Geschlechtsverkehr und Partnerwechsel zu bestehen, so z. B. in »Darling« (1965) und »Der Verführer läßt schön grüßen« (1966), etwas schwächer dosiert auch in den James-Bond-Filmen. Die düsteren Visionen des Italieners Michelangelo Antonioni und die Melancholie eines Ingmar Bergman taten Abgründe zwischen den Liebenden auf. In »Das Schweigen« (1963) schildert Bergman eine lesbische Beziehung, Inzest und Masturbation, den letzten Trost der frustrierten Liebenden.

Sexfilme, früher nur denkbar bei Männergelagen, bahnten sich ihren Weg in die bessere Gesellschaft. Nur wenige der »normalen« Kinogänger werden den schwedischen Film »I Am Curious – Yellow« (1963) selbst gesehen haben, und trotzdem sprach und hörte man damals überall davon. Andy Warhols Underground-Filme erforschten die zahlreichen verschiedenen Neigungen seiner Protégés und Mitarbeiter sowie Prostitution als etwas ganz Normales, Alltägliches.

Das Interesse auf der Leinwand richtete sich nicht länger auf einen einzigen Partner oder eine Partnerin – Elvis hatte »Girls! Girls! Girls!« (1962). Und ein Schwarm von Bikini-Schönheiten war für jeden anständigen Spionage-Thriller obligatorisch. Ausführliche Sexszenen schmuggelten sich in Hollywood ein, und 1966 wurde der Production Code aufgehoben, um Filme unterzubringen wie »The Graduate« (1967), in dem eine verheiratete Frau einen jüngeren Mann verführt, oder »Goodbye Columbus« (1969), in dem sogar von Empfängnisverhütung die Rede ist, und »Midnight Cowboy« (1969), der männliche Prostitution zum Thema hat.

Steve McQueen und Natalie Wood in »Verliebt in einen Fremden« (1963)
Ernsthaftes Kuß-Manöver.

▶ **Beryl Reid und Susannah York in »The Killing of Sister George« (1968)**
Eine lesbische Liebesgeschichte.

▼ **Shirley Anne Field und Albert Finney in »Samstagnacht bis Sonntagmorgen« (1960)**
Junger Rebell auf Britisch. Der böse junge Mann und seine nicht so böse Freundin.

Michael Caine mit Vivien Merchant, Janet Asher, Julia Foster und Shelley Winters in »Der Verführer läßt schön grüßen« (1966)
Eine ist nie genug: der Junggeselle und sein Harem.

▲ Monica Vitti und Alain Delon in »Liebe« (1962)
Begegnung der italienischen Art. Einer von Antonionis Filmen über die Nutzlosigkeit der Liebe und des Lebens, wenn es an Handlung fehlt.

▼ Jean-Paul Belmondo und Anna Karina in »Elf Uhr nachts« (1965)
Liebe im Wandel auf dem Höhepunkt der »nouvelle vague«.

(v. l. n. r.) Elliott Gould, Natalie Wood, Robert Culp und Dyan Cannon in »Bob & Carol & Ted & Alice« (1969)
Ein flotter Vierer: freie Liebe, Partnertausch und viel weniger schmutzige Wäsche.

HUMPHREY BOGART
Across the Pacific
MARY
ASTOR · SYDNEY
GREENSTREET
Directed by
JOHN HUSTON
SCREEN PLAY BY
RICHARD MACAULAY
FROM THE
SATURDAY EVENING POST
SERIAL BY ROBERT CARSON
A WARNER BROS.—
FIRST NATIONAL PICTURE
Presented by
WARNER BROS.

DIE SIEBEN ZEITALTER

DIE SIEBZIGER JAHRE

Die Siebziger waren die große Zeit der »Kumpel-Filme«; Romantik spielte in diesen Hymnen auf die Männerfreundschaft kaum eine Rolle. Schüchterne Versuche der Wiederbelebung gingen in einem Chaos von Spezialeffekten und krachender Action unter. Filme mit starken weiblichen Charakteren waren rar; die sexuelle Revolution der Sechziger hatte eher eine Abwertung der Frau als Partnerin denn ihre Befreiung erwirkt. Regisseure kannten keinen Unterschied mehr zwischen Sex und Liebe, und es gab kaum Filme für Erwachsene, die nicht mindestens eine Szene mit nackten Körpern oder ineinander verschlungenen, schwitzenden Leibern vorzuweisen hatten. Die Grenzen zwischen »Mist« und zeitgemäßem Stil waren fließend. Sex wurde chic: Kinogeher, die zehn Jahre vorher lieber gestorben wären, als einen Porno anzusehen, strömten in Scharen zu »Deep Throat« (1972), dem Hardcore-Film, über den jedermann sprach. »Emanuelle« (1974) gab dem Sex auf der Leinwand Hochglanz und Weichzeichner und mauserte sich zur tragbaren (wenn nicht gar ernsthaften) Unterhaltung für wohlanständige Leute.

Der Boom kleiner, unabhängiger Filmtheater belebte auch das Publikumsinteresse an klassischen Hollywood-Streifen und ihren Stars. Bogart und Bacall, Tracy und Hepburn, Monroe und Dean – sie alle erwiesen sich als zeitlose Kassenmagneten und ersetzten das, was dem zeitgenössischen Film fehlte. Plötzlich überschlug sich die Kinoindustrie, dem Publikum zu geben, wonach es in seiner Nostalgie verlangte: »American Graffiti« (1973), »The Sting« (1973) und »Der große Gatsby« (1974) kamen alle auf das zurück, was im Rückblick wie das Goldene Zeitalter schien. Die erneute Popularität der alten Garde kam wohl nie besser zum Ausdruck als in »Mach's noch einmal, Sam« (1972), wo in regelmäßigen Abständen der Geist Bogarts erscheint, um Woody Allen alte Tricks zu verraten, wie er Diane Keaton »rumkriegt«.

Woody Allen und Diane Keaton in »Mach's noch einmal, Sam« (1972)
Während der Verführungs-Tips von Humphrey Bogart erscheinen die alten Filme im Hintergrund.

▲ **Robert Redford und Mia Farrow in »Der Große Gatsby« (1974)**
Liebende der Nostalgie-Welle Mitte der siebziger Jahre: die Verfilmung von F. Scott Fitzgeralds berühmtem Roman.

▲ ▲ **Margot Kidder und Christopher Reeve in »Superman« (1978)**
Mit Hilfe der Spezial-Effekte können selbst Comic-Pärchen zu ungeahnten Höhenflügen ansetzen.

Sam Neill und Judy Davis in »My Brilliant Career« (1979)
Ein australisches Liebespaar. Die Story von der Emanzipation einer jungen Frau wurde zum unerwarteten Erfolg.

DIE SIEBEN ZEITALTER

DIE ACHTZIGER JAHRE

Zu Beginn der Achtziger hatten die Filmemacher vor allem das junge Publikum im Auge. Der Markt wurde überschwemmt mit Filmen für Teenager ab 18, wie zum Beispiel der Horror-Zyklus »Friday the 13th«, seltsame Gruselgeschichten über Jugendliche, die Sex haben und postwendend von einem Psychopathen ermordet werden. Gleichzeitig erlebten Filme über die Beziehungen von Erwachsenen eine Renaissance. In Werken wie »Lianna« (1983), »Mein wunderbarer Waschsalon« (1985), »Dessert Hearts« (1985) und »Maurice« (1987) wurde Homosexualität plötzlich nicht mehr als widernatürliche Verirrung dargestellt. Selbst der Teenager-Film überraschte gelegentlich, so John Hughes »The Breakfast Club« (1985), indem er versuchte, seine jungen Schauspieler wie normale Menschen und nicht als sexbesessene Dummköpfe auftreten zu lassen.

Es ist wohl noch zu früh, um die Auswirkungen von AIDS auf die Filmbranche im Ganzen abzuschätzen, doch schon jetzt wird »Gelegenheits-Sex« nicht mehr als Zeitvertreib verharmlost. Es steht wohl kaum zu befürchten, daß wir wieder auf die getrennten Betten für Ehepaare zurückkommen, doch wird man das Thema Sex in Zukunft vermutlich verantwortungsbewußter und realistischer behandeln müssen. In »Dragnet« (1987) hört man zum Beispiel Tom Hanks sagen, er könne jetzt nicht mit ihr schlafen, weil ihm die Kondome ausgegangen seien; während andererseits in »Broadcast News« (1987) Holly Hunter eine Schachtel Präservative in die Handtasche steckt, bevor sie zu ihrer Verabredung mit William Hurt aufbricht.

Ein neues Moralverständnis drückte sich auf ganz andere Weise aus. Filme wie »Fatal Attraction« (1987) sind die moderne Art von Moralpredigt, die allen, die mit der (Un-)Treue spielen, schlimme Strafe androht. Zu den bemerkenswertesten dieser »Yuppie-Alpträume« zählen »After Hours« (1985), »Blue Velvet« (1986) und »Something Wild« (1986). Frauen werden hier als berechnende femmes fatales dargestellt, die es darauf abgesehen haben, schüchterne Männer in gefährliche Situationen zu bringen – eine Mischung aus Verrückter Komödie und film noir.

Die britische Filmbranche zeigte in dieser Zeit seltsamen Unwillen, sich mit Beziehungen von heute zu beschäftigen. Filme wie »Dance with a Stranger« (1985), »Sid and Nancy« (1986), »Prick Up Your Ears« (1987) und »White Mischief« (1988) sind zwar realistische Stories, doch spielen sie alle in der – wenn auch jüngsten – Vergangenheit, und enden mit dem Tod jeweils eines bzw. einer oder beider Liebenden. Handelt es sich um Liebesbeziehungen in der Gegenwart, so tendieren diese oft zu unverdaulichen Schaustücken der sexuellen und sozialen Agitprop, wie zum Beispiel »Sammy und Rosie tun es« (1987).

Michael Douglas und Glenn Close in »Fatal Attraction« (1987)

So kann es enden, wenn Man(n) vom Pfad der Tugend abkommt: diese Frau weigert sich aufzugeben, als ihr verheirateter Liebhaber zu Frau und Kind zurückkehrt. Einer der aufsehenerregendsten Filme der Achtziger.

Dennoch war es ab Mitte der Achtziger offensichtlich, daß die Liebenden nach einem Jahrzehnt der Flaute wieder auf die Leinwand zurückkamen, obwohl sich nur die wenigsten Streifen als reine Liebesfilme deklarierten. Wagten sie es doch, wurden sie wie »Falling in Love« (1984) trotz respektabler Besetzung meist Flops. Liebesfilme verstellten sich also: »Stakeout« (1987), »The Big Easy« (1987) und »Someone To Watch Over Me« (1987) kamen beispielsweise als Thriller in die Kinos, obwohl bei allen dreien eine romantische Affaire im Mittelpunkt steht. »Der einzige Zeuge« (1984) lief ebenfalls als romantischer Thriller, »Jenseits von Afrika« (1985) als biographischer Film, »Zimmer mit Aussicht« (1985) als literarische Romanze. »Betty Blue – 37,2 am Morgen« (1986), ein Beispiel für amour fou und »Crocodile Dundee« (1986) die romantische Komödie. Liebespaare schmuggelten sich sogar in Science-fiction-Filme: die Helden von »Zurück in die Zukunft« (1985) und »Peggy Sue Got Married« (1986) stiegen in die Zeitmaschine, um dem Chaos ihrer Gefühle zu entkommen. Einzig Kriegsfilme wie »Platoon« (1986) und »Full Metal Jacket« (1987) kamen ganz ohne Liebe aus; in jedem anderen Genre aber scheint in Zukunft wieder genügend Platz für romantische Beziehungen zu sein.

Richard Gere und Debra Winger in »Ein Offizier und Gentleman« (1981)
Obwohl seine Popularität später wegen zahlreicher Flops stark abnahm, demonstriert er hier geradezu bestechend den Sex-Appeal von Uniformen und schweren Motorrädern.

Stehend (v. l. n. r.): JoBeth Williams, Tom Berenger, Glenn Close, Kevin Kline, Mary Kay
Sitzend: William Hurt, Meg Tilly, Jeff Goldblum in »The Big Chill« (1983)
Partnertausch – die Zweite. Close ermutigt ihren Mann (Kline), doch mit ihrer besten Freundin zu schlafen.

Sean Young und Kevin Kostner in »No Way Out« (1987)
Der Hollywood-Thriller im Stil der Achtziger: ein Remake von »The Big Clock« (1948) mit etwas mehr Sex.
Photographin: S. Karin Epstein

Charles Dance und Greta Scacchi in »White Mischief« (1988)
Britische Kolonialisten führen ein zügelloses Leben im Kenia der vierziger Jahre: in Anlehnung an James Fox' Roman über Ehebruch und Mord im Osten Afrikas.

Cher und Nicolas Cage in »Mondsüchtig« (1987)
Die Rückkehr zur harmlosen romantischen Komödie. Cher, die für diese Darstellung einen Oscar erhielt, verliebt sich in den Bruder ihres abwesenden Verlobten und lebt glücklich wie nie in Little Italy.

DIE UNZERTRENNLICHEN
BERÜHMTE FILMPAARE

Die Unzertrennlichen – ihre Namen klingen zusammen wie Salz und Pfeffer, wie Blitz und Donner, wie Liebe und Leidenschaft. Viele dieser Traumpaare gehörten auch im wirklichen Leben zusammen, wie Spencer Tracy und Katharine Hepburn oder Humphrey Bogart und Lauren Bacall, doch von ihnen wird im Kapitel »Privatleben« (S. 87) die Rede sein. Die übrigen spielten diese Partnerschaft nur für die Kamera oder besser: für das Publikum. Den Zuschauern gefiel das, und sie verlangten nach mehr. Die Studios wiederum konnten sich auf etablierte Paare als Kassenmagneten verlassen. »Das unvergleichliche Paar ist wieder da!« rührte man die Werbetrommel für neue Filme mit Myrna Loy und William Powell. »Versöhnt – Verliebt – Auf Ihren Wunsch«, tönte die Publicity bei jeder Gable-Crawford-Produktion, die in die Kinos kam. Die ersten Filmpaare gab es ja bereits in den Slapsticks der Stummfilmzeit. Das erste Traumpaar waren aber die ungarische Schauspielerin Vilma Banky und Ronald Colman. Samuel Goldwyn brachte die beiden zum ersten Mal in dem dramatischen Kriegsfilm »The Dark Angel« (1925) zusammen. Die blonde Schönheit war das perfekte Gegenstück zum attraktiven Colman und die beiden drehten gemeinsam vier Filme, bevor ihre Anziehungskraft auf das Publikum nachließ – die Banky hatte sich einem anderen Mann zugewandt, sie heiratete den Schauspieler Rod La Rocque.

Ganz keusch wirken die vorsichtigen Umarmungen zwischen der Banky und Colman im Vergleich zu der glühenden Leidenschaft von Szenen mit Greta Garbo und John Gilbert, die ja auch außerhalb des Films ein Paar waren. Weniger heftig in ihren Annäherungen, aber keineswegs weniger populär war das Team Janet Gaynor und Charles Farrell. Ihre ersten drei Filme, alle unter der Regie von Frank Borzage, sagten aus, was dieses Paar so beliebt machte: wahre Liebe im Triumph über die Fallstricke und Gemeinheiten des Alltags und melodramatische Geschichten.

In »Seventh Heaven« (1927) spielt Farrell einen Pariser Kanalarbeiter, der sich in das zerlumpte Mädel, die Gaynor, verliebt, bevor er blind aus dem Ersten Weltkrieg heimkehrt und dann von der liebenden Waise versorgt wird. Zwei Engel im Bettlerkostüm also, und wenn die Ehre der Gaynor, wie in »Street Angel« (1928), einmal nicht ganz makellos war, dann nur deshalb, weil sie Medizin für ihre kranke, arme Mutter beschaffen mußte.

Humphrey Bogart und Lauren Bacall in »Die schwarze Natter« (1947)
Privates auf der großen Leinwand, ein unzertrennliches Paar, im Film wie im wirklichen Leben.

Ronald Colman und Vilma Banky in »Two Lovers« (1928)
Ein schönes Paar, die ungarische Rhapsodie und ihr britischer Beau.

Borzages Filme zählen sicher zu den besten des Genres Rührstück, er drehte zwölf davon. Obwohl nach unserem Geschmack fürchterlich sentimental, zeichnet diese Filme eine einfache Offenheit aus, die mehr beeindruckt als die zynische Manipulation der modernen Rührstücke, wie »Kramer gegen Kramer« (1979) oder »Terms of Endearment« (1983).

Die dreißiger und vierziger Jahre waren sicher die Glanzzeit der großen Paare. Das Publikum sehnte sich nach Romantik und Glamour, um der tristen wirtschaftlichen und politischen Realität zu entfliehen. Die Studios erfüllten diesen Wunsch, und das nicht zu knapp. Clark Gable schlüpfte in die Rolle des rauhen Kerls und versuchte sich erfolgreich mit Joan Crawford, Jean Harlow, Myrna Loy und Lana Turner. Trotzdem gewann er mit der einmaligen Rolle des ironischen Reporters neben Claudette Colbert in »Es geschah in einer Nacht« (1943) seinen einzigen Academy Award. Und mit der wiederum untypischen Rolle des Rhett Butler in »Vom Winde verweht« (1939) sicherte er sich Unsterblichkeit. Gerade die weiblichen Kinogeher hatten genug von den höflichen Helden, den Teetassen-Dramen des frühen Tonfilms. Gable dagegen war hart und hartnäckig; er konnte sich seinen Partnerinnen gegenüber wie ein Bilderbuch-Kavalier benehmen oder sie auch ohrfeigen – er kam immer durch damit. Im Privatleben zementierte seine Hochzeit mit der populären Carole Lombard sein Image als Liebhaber ersten Ranges.

Erst durch den Sex-appeal der forschen, lärmenden Ginger Rogers kam Fred Astaires zurückhaltende Eleganz zur Geltung. Sie machte immer den Eindruck eines Chormädchens, das für einen Tag den Star spielen darf. Die Handlung von Filmen wie »Ich tanze mich in Dein Herz hinein« (1935) oder »Swing Time« (1936) war nur der mehr als fadenscheinige Hintergrund für eine Reihe von Tanz-Szenen mit geradezu erotischer Präzision: zwei Menschen, verschmolzen im absolut synchronen Step. Astaire tanzte auch mit anderen talentierten Partnerinnen, doch das schienen nur gelegentliche Flirts zu sein; mit Ginger Rogers – das war das Wahre.

Jeanette MacDonald spiele in einigen Filmen mit Maurice Chevalier und auch als Partnerin von Clark Gable. Untrennbar bleibt allerdings ihr schriller Sopran mit Nelson Eddys Bariton verbunden. Zynisch betrachtet sind die zuckersüßen Operetten der beiden nichts als die verwässerte, dramatische Leidenschaft der großen Oper, aufbereitet für den Massenkonsum. Doch »America's Sweethearts«, wie man sie nannte, trällerten sich als das erfolgreichste Gesangs-Duo in die Kinogeschichte. Ihre Filme, voll von Getue und Geträller, sind treffliche Beispiele für das Rührstück der gehobenen Art.

Im weniger seichten Bereich rettete der Regisseur W. S. Van Dyke Myrna Loy davor, ihr Leben lang Fu Manchu's Tochter zu spielen und setzte sie neben William Powell in »Dünner Mann« (1934) und seinen Fortsetzungen ein.

Diese Mischung aus Detektivgeschichte und verrückter Komödie wurde zu einem spektakulären Erfolg, obwohl sie mit Dashiell Hammetts Original nur noch wenig zu tun hatte. Powell

Fortsetzung Seite 61

Janet Gaynor und Charles Farrell in »Tess of the Storm Country« (1932)
Amerikas beliebteste Turteltauben. Selbst wenn ihre Filme in der Gosse spielten, verbreiteten die beiden süße, hoffnungsvolle Gefühle. *Photograph: Hal Phyfe*

▲ Clark Gable und Jean Harlow in »Dschungel im Sturm« (1932)
Die Karriere der männlichen Liebenden ist beständiger als die ihrer Partnerinnen. Gable spielte dieselbe Rolle 21 Jahre später noch einmal.

▶ Margaret Sullavan und James Stewart in »Rendezvous nach Ladenschluß« (1940)
Ernst Lubitschs harmlose Geschichte einer Romanze in Budapest. In Wirklichkeit konnte Stewart die Sullavan nicht ausstehen.

George Brent und Bette Davis in »Dark Victory« (1939)
Der Gehirnchirurg und die berühmte unheilbar Kranke: Brent war der Beweis für die Chancenlosigkeit einer Schauspieler-Persönlichkeit neben der absolut dominierenden Davis. *Photograph: Shuyler Crail*

und die Loy, oder besser Nick und Nora Charles, verkörperten das Ideal einer glücklichen Ehe; sie tranken ziemliche Mengen Likör, während sie sich mit feinsinniger Ironie unterhielten und nebenbei noch ein, zwei Mordfälle lösten. Powell tat zwar die meiste Kleinarbeit, doch konnte sich die Loy immer als gleichwertiger Partner in dieser liberalen Beziehung behaupten. Sie schnitt damit besser ab als die meisten Filmgattinnen, die als altmodische Langweilerinnen der wahren Liebe eigentlich eher im Weg standen, als sie zu wecken.

Auf der »42. Straße« (1933) begann Ruby Keeler ihren Weg in die Herzen des Publikums. Busby Berkeleys Filme waren aber auch wahre Meisterstücke eines kessen Symbolismus. Immer jugendlich unschuldig, als existierte das sittenlose Showbusiness um sie herum gar nicht, bekam die Keeler oft ein Ständchen vom eifrigen Dick Powell. Ihm gelang es, die richtige Mischung aus Gesundheit und sauberer Leidenschaft auszustrahlen.

Der Liebhaber im Kostümfilm hat eine eher undankbare Aufgabe. Eingesperrt in diese absolut eindimensionale Rolle, vor einem Publikum, das seine Liebesmüh meist nicht zu schätzen weiß, da es schon ungeduldig auf die nächste Heldentat, den nächsten Speerwurf, den nächsten Indianer wartet. Olivia De Havilland mit ihrer süßen, offenen Art war prädestiniert als Errol Flynns Angebetete in historischen Romanzen, wie »Unter Piratenflagge« (1935) und »Robin Hood, König der Vagabunden« (1938). Im wirklichen Leben heiratete Flynn die Schauspielerin Lili Damita. Während der Dreharbeiten zu »Der Verrat des Surat Khan« (1936) verkrachte er sich mit seiner Partnerin, konnte aber, mangels Sensibilität, seine Gefühle nur durch Taten ausdrücken und versteckte eine tote Schlange in ihrer Garderobe. – Die Dame blieb forthin sehr distanziert.

Margaret Sullavan und James Stewart drehten vier Filme zusammen; den letzten davon, »The Mortal Storm« (1940) unter der Regie von Frank Borzage, der schon das Team Gaynor-Farrell mit »Seventh Heaven« (1927) berühmt gemacht hatte. Und tatsächlich war das Duo Sullavan/Stewart wie eine Neuauflage ihrer Vorgänger, ausgerichtet auf ein Publikum, das zwar keine Schnulzen mehr wollte, aber dennoch ganz gerne in Sentimentalitäten schwelgte. Stewart überragte, so wie Farrell, seine winzige Partnerin, und die beiden spielten nette, einfache Leute, deren Leben durch den Willen des Schicksals in Unordnung gerät. Sullavans Empfindlichkeit und Stewarts jungenhafte Ungeschicklichkeit paßten großartig zusammen und die Zuschauer waren geradezu ergriffen von ihren glaubhaft schüchternen Annäherungsversuchen.

Tyrone Power und Loretta Young waren zwei Filmgesichter ohne Ecken und Kanten; sie boten unpersönliche Romantik der leichten Sorte in »Love Is News« (1937) und »Café Metropole« (1937). Gegen Ende der Dreißiger, Anfang der Vierziger waren Judy Garland und Mickey Rooney mit ihrer hyperaktiven Überschwenglichkeit ein Liebespaar für die ganze Familie. Sie tollten

◀ **Olivia De Havilland und Errol Flynn in »Robin Hood, König der Vagabunden« (1938)**
Romantisches Zwischenspiel zwischen den Heldentaten. Denn selbst solche Männer brauchen von Zeit zu Zeit ein bißchen Liebe. *Photograph: Mac Julian*

Joan Blondell und James Cagney in »He Was Her Man« (1934)
Trotz einer Reihe gemeinsamer Filme konnten diese beiden sich nicht als ganz großes Filmpaar etablieren. Er machte sich einen Namen als einsamer Wolf, während sie von der Rolle des kessen Revuegirls nie mehr loskam.

Ginger Rogers und Fred Astaire in »Swing Time« (1936)
Hollywoods Startänzer ausnahmsweise mit den Füßen auf der Erde.

durch Andy Hardys Geschichten und präsentierten Shownummern am laufenden Band, so daß man glauben konnte, sie wären mit Milchprodukten und Vitaminen gemästet worden. Donald O'Connor und Peggy Ryan stürmten die Leinwand, gefolgt von John Payne und Betty Grable, Danny Kaye und Virginia Mayo, und sie alle schienen voll unerschöpflicher musikalischer Energie.

Greer Garson und Walter Pidgeon zeigten vornehme Zurückhaltung, besonders in »Mrs Miniver« (1942), Hollywoods Lobgesang auf das britische Engagement im Zweiten Weltkrieg. Veronica Lake und Alan Ladd waren ein kleines, aber perfektes blondes Duo in Thrillern wie »Narbenhand« (1942) oder »Der gläserne Schlüssel« (1942). John Hall und Maria Montez entsprachen den amerikanischen Vorstellungen von Exotik mit Filmen wie »White Savage« (1943) und »Cobra Woman« (1944). Jenseits des Atlantiks machten damals Anna Neagle und Michael Wilding in beliebten Romanzen mit Titeln, wie »Tanz in den Frühling« oder »Maytime in Mayfair« (beide 1946), von sich reden.

Außerdem gab es natürlich noch die Paare der Komödie, Menschen »wie Du und ich«, die dem Publikum versicherten, daß Romanzen nicht den Filmgöttern vorbehalten sind: Marie Dressler und Wallace Beery, Charlie Ruggles und Mary Boland, Slim Summerville und ZaSu Pitts. Groucho Marx reizte die unerschütterliche Margaret Dumont mit empörenden Zweideutigkeiten und geschliffenen Beleidigungen. Das Ensemble Marjorie Main und Percy Kilbridge hatte mit seinen hinterwäldlerischen Typen in »The Egg and I« (1947) so durchschlagenden Erfolg, daß »Ma und Pa Kettle« ihre eigene Serie bekamen.

Loretta Young und Tyrone Power in »Café Metropole« (1937)
Ein gelecktes, leckeres Paar.

Fortsetzung Seite 69

Nelson Eddy und Jeanette MacDonald in »The Girl of the Golden West« (1938)
Amerikas zwitschernde Turteltauben in romantischer Verzückung im Märchenland der bittersüßen Duette und pittoresken Hintergrund-Landschaften.

Gracie Allen und George Burns posieren für ein Studioporträt (ca. 1935)
Einfach zwei Spinner: Mann und Frau als Clowns, auf der Bühne, vor der Kamera und im Radio.

Gary Cooper und Jean Arthur in »Mr. Deeds geht in die Stadt« (1936)
Frank Capras kritische Gesellschaftskomödie mit einer ergreifenden Geschichte im Mittelpunkt. Die Arthur als ausgekochte Reporterin war genau das Richtige für Cooper, den gespielt naiven Millionär. Die beiden drehten noch einmal gemeinsam für »Der Held der Prärie« (1936), in dem er Wild Bill Hickok und sie Calamity Jane spielte.

William Powell und Myrna Loy in »Dünner Mann: 2. Fall« (1939)
Nick und Nora Charles, das perfekte Ehepaar, mit Drahthaar-Terrier Asta als Kind-Ersatz.

Ruby Keeler und Dick Powell in »Gold Diggers of 1933« (1933)
Offenherzige Unschuld zwischen Busby Berkeleys Routine-Filmen vom kessen Showgirl.

Johnny Weissmüller und Maureen O'Sullivan in »Tarzan and His Mate« (1934)
Dschungel-Romanze im Lendenschurz. Weissmüller und die O'Sullivan, eines der bekanntesten Paare dieses oft verfilmten Stoffes.

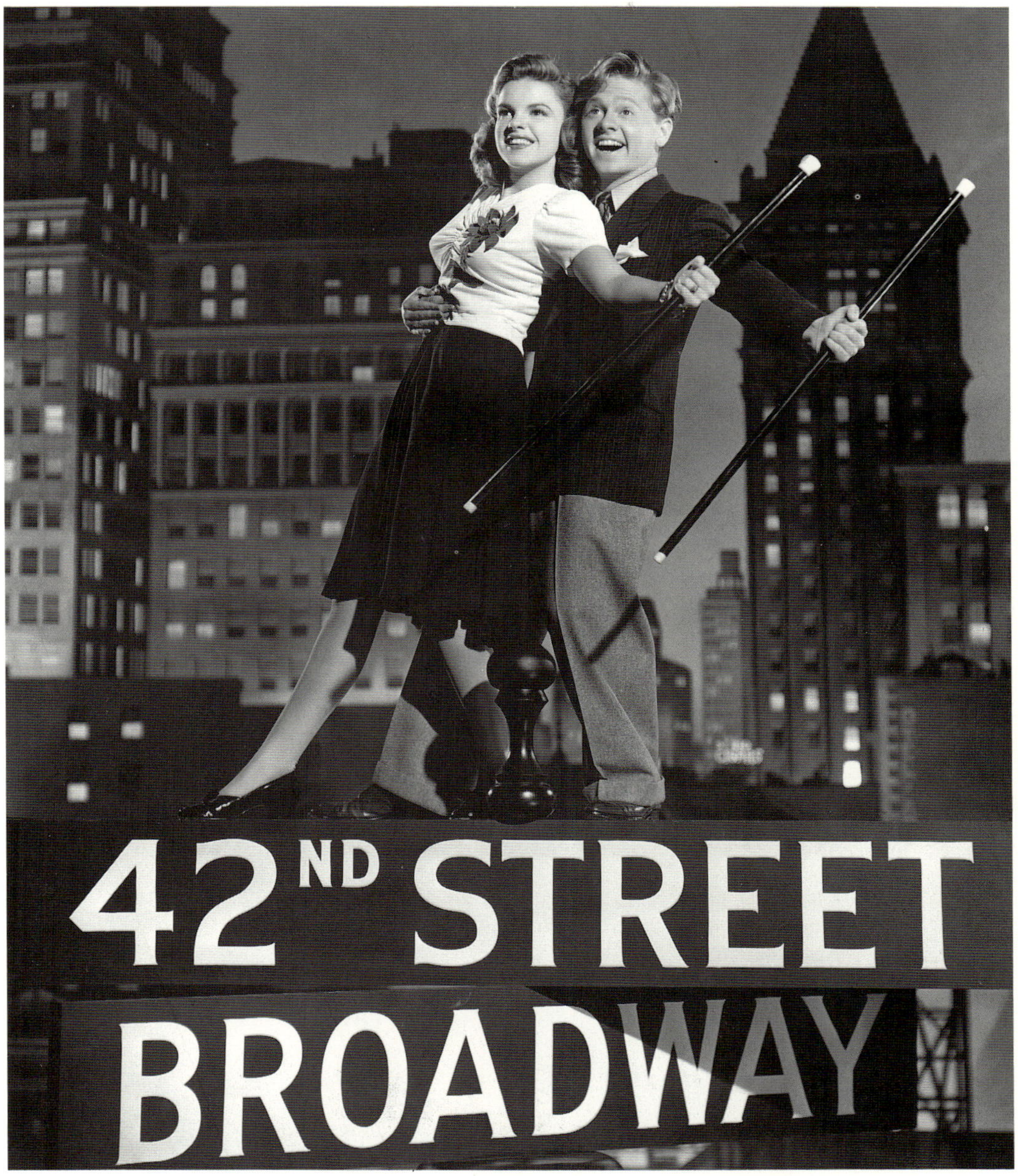

Judy Garland und Mickey Rooney in »Babes on Broadway« (1941)

Penny Singleton und Arthur Lake verkörperten Youngs Comic-Helden in der langlebigen »Blondie«-Serie (28 verrückte, hausbackene Komödien zwischen 1938 und 1950). Laraine Day brachte als Lew Ayres' Verlobte in den »Dr. Kildare«-Filmen etwas Romantik ins Blair General Hospital. Buster Crabbe und Jean Rogers bewährten sich als Liebende im Weltraum in der »Flash-Gordon«-Serie (1938–40). Und da wäre noch Johnny Weissmüller, der sich als »Tarzan the Ape Man« (1932) in das Herz der Maureen O'Sullivan jodelte. »Er kannte nur die Gesetze des Dschungels, um zu bekommen, was er begehrte!«, tönte Hollywoods PR-Maschine bei jeder neuen Fortsetzung und verkauften den »Affen-Menschen« als gierigsten Lover seit Valentino.

Mit dem schrittweisen Verfall des Studiosystems in den fünfziger und sechziger Jahren befreiten sich Hollywoods Stars zunehmend von rigiden Verträgen. Sie übernahmen selbst die Regie über ihre Karriere und wehrten sich dagegen, als typische Paare zusammengesteckt zu werden. Die Unzertrennlichen verschwanden von der Leinwand. Fernsehserien und Seifenopern fungierten als neue Brutstätten der Langzeit-Paare. Dabei griff man gerne auf Filmstars zurück wie Lucill Ball oder Loretta Young, die es nicht bis ganz oben geschafft hatten.

Trotz allem, einige wenige Leinwand-Paare konnten sich behaupten. Hochzeiten im großen Stil wurden besonders gerne gefeiert, so von der pfirsichhäutigen, sommersprossigen Doris Day und ihren Partnern Gable, Grant und, besonders berühmt,

Fortsetzung Seite 82

▲ **Alan Ladd und Veronica Lake in »Die blaue Dahlie« (1946)**
Das kleine, aber feine blonde Paar, verwickelt in einen mysteriösen Mord; nach einer Vorlage von Raymond Chandler.

▶ **Cary Grant und Irene Dunne in »My Favourite Wife« (1940)**
Blasierte, geistreiche Liebende in einer netten ehelichen Mixtur. *Photograph: Fred Hendrickson*

Percy Kilbridge und Marjorie Main (Bildmitte) in »Ma and Pa Kettle at the Fair« (1952)
Das Paar aus der Provinz in einem Film, dem »The Beverly Hillbillies«, eine Fernsehserie ihrer Abenteuer, folgte.

Douglas Dumbrille, Margaret Dumont und Groucho Marx in »Die Marx-Brothers im Kaufhaus« (1941)
Die geduldige Dumont wird wieder einmal von Groucho erwischt.

Robert Young, Laraine Day, Lew Ayres und Lionel Barrymore in »Dr. Kildare's Crisis« (1940)
Einer von Paramounts Dauerbrennern. Die Day, als Schwester Mary Lamont, spielt Dr. Kildares Geliebte im Blair General Hospital.

Arthur Lake, Penny Singleton und Larry Simms in »Blondie Takes a Vacation« (1939)
Ein Film aus der Serie nach Chic Youngs beliebten Comic-Figuren: Dagwood Bumstead, seine Frau Blondie und ihr Sohn Baby Dickerchen plus dem Hund Daisy. *Photograph: ›Whitey‹ Shafer*

▲ **Danny Kaye und Virginia Mayo in »A Song Is Born« (1948)**
Howard Hawks Musical-Version seines eigenen Films »Ball of Fire« (1941).

▼ **Donald O'Connor und Peggy Ryan in »Patrick the Great« (1944)**
Das singende, tanzende Teenie-Paar für die ganze Familie.

Anna Neagle und Michael Wilding in »Tanz in den Frühling« (1948)
Snob-Appeal fürs Massenpublikum.

▲ **Greer Garson und Walter Pidgeon in »Mrs Miniver« (1942)**
Ein verheiratetes Paar erträgt die Kriegsjahre mit echt britischem Widerstand und entschlossenen Gesichtern.

▶ **Spencer Tracy und Katharine Hepburn in »Keeper of the Flame« (1942)**
Ein unzertrennliches und zugleich perfektes Paar. *Photograph: C. S. Bull*

Annette Funicello und Frankie Avalon in »Beach Party« (1963)
Die Zeit des Barbecue: Sonne, Sand und quiekende Teenies in Bikinis und Badehosen.

Doris Day und Rock Hudson in »Lover Come Back« (1961)
Makellose Liebe – sommersprossige Gesundheit trifft echt amerikanischen Sexy-Mann.

John Wayne und Maureen O'Hara in »McLintock!« (1963)
Der Herzog und die Herzogin schwelgen im Schlamm des alten Westens.

▶ Donald Sutherland und Jane Fonda in »Klute« (1971)
Der Detektiv und das Callgirl, eine nicht gesellschaftsfähige Liebe. Fonda und Sutherland spielten außerdem gemeinsam in »Steelyard Blues«.

Massayuki Mori und Machiko Kyo in »Erzählungen unter dem Regenmond« (1953)
Ein japanisches Leinwand-Paar, das im Westen durch Filme wie Mizoguchis Geschichte vom schüchternen Töpfer (Mori), der sich in den wunderschönen Geist (Kyo) verliebt, bekannt wurde.

mit Rock Hudson in »Bettgeflüster« (1959), »Lover Come Back« (1961) und »Send Me No Flowers« (1964). Frankie Avalon und Annette Funicello waren die ungekrönten Herrscher des expandierenden Teenager-Marktes, was Strandbalgereien anging, zum Beispiel mit »Muscle Beach Party« (1964) oder »Beach Blanket Bingo« (1965) (»Ein Film für Schwachsinnige!« schrieb die Times damals gnadenlos). Über zwanzig Jahre später kehrten Avalon und die Funicello in »Back to the Beach« (1987) zu den Orten ihrer Jugend zurück, diesmal spielten sie allerdings schon die Eltern wilder Teenager.

Sophia Loren und Marcello Mastroianni spielten gemeinsam in einer Reihe italienischer Sexkomödien. Und obwohl Italien als Bastion des Machismo gilt, waren diese Filme weitaus weltoffener und weniger frauenfeindlich als ihre Gegenstücke aus Hollywood. Mastroiannis Darstellungen in Filmen wie »Scheidung auf italienisch« (1961) gaben ihm das Image des archetypischen Latin Lovers, und das, obwohl er meist den schwachen Mann spielte, der, mehr oder weniger impotent, zwischen den Ansprüchen der Frau und der Geliebten hin- und hergerissen wird. In einem Film der Trilogie »Yesterday Today and Tomorrow« (1963) bittet ihn zum Beispiel die Loren, sie zu schwängern, damit sie einer Gefängnisstrafe entgeht; als seine Geliebte in »Hochzeit auf italienisch« ist sie so hinterhältig, daß sie vorgibt, im Sterben zu liegen, um ihn zur Hochzeit zu bewegen.

Natürlich wurden von Erfolgsfilmen immer noch Fortsetzungen gedreht, doch ersetzte man in den Siebzigern »Die Rückkehr der ...« oder »Der Sohn des ...« häufig durch den mit der entsprechenden römischen Ziffer versehenen Originaltitel. Diese Fortsetzungen waren selten durch den besonderen Erfolg einer Figur oder eines Leinwand-Duos begründet; vielmehr wurde einfach das Konzept des Originals recycled: Killerhai, psychopathischer Mörder, Killerkommando oder was auch immer bekamen einfach ein neues Opfer vorgeworfen. Die Stars eines Hit-Films waren mächtig und unabhängig genug, höhere Gagen zu fordern; die so entstehende Preisspirale verhinderte die Entwicklung klassischer Filmpaare. (Sylvester Stallone hatte in »Rocky« und seinen Fortsetzungen Liebesbeziehungen zu Partnerinnen wie Talia Shire, doch waren diese Romanzen wohl kaum das Geheimnis des Erfolgs.)

In den Achtzigerjahren war »Auf der Jagd nach dem grünen Diamanten« (1984) ein solcher Kassenschlager, daß die Stars Kathleen Turner und Michael Douglas einen weiteren gemeinsamen Film drehten: »Das Juwel vom Nil« (1985). »Heartburn« (1986), die Verfilmung von Nora Ephrons Schlüsselroman, war zwar kein übermäßiger finanzieller Erfolg, das Paar Nicholson-Streep wirkte jedoch so eindrucksvoll, daß sie auch in dem Landstreicher-Drama »Ironweed« (1987), nach dem Roman von William Kennedy, zusammen vor der Kamera standen. So etwas ist heute aber eher die Ausnahme als die Regel; normalerweise wird jeder Film mit einem anderen Partner gemacht.

Sophia Loren und Marcello Mastroianni in »Hochzeit auf italienisch« (1964)
Eine europäische Erden-Mutter, die ihren charmanten Geist gegen den Latin Lover ausspielt – Vittorio de Sicas italienische Sex-Komödie.

▲ Robert De Niro und Meryl Streep in »Falling in Love« (1984)
Bekannte Gesichter bei einer kurzen Begegnung – nicht gerade ein Kassenschlager.

► Michael Douglas und Kathleen Turner in »Auf der Jagd nach dem grünen Diamanten« (1984)
Ein komisches Abenteurer-Paar, das seine Beziehung in der Fortsetzung »Das Juwel vom Nil« (1985) wieder aufnahm. *Photograph: Aaron Rapoport*

PRIVATLEBEN
LIEBENDE IM WIRKLICHEN LEBEN

Das Leben neigt dazu, die Kunst zu imitieren, und umgekehrt. Diese Tatsache ist besonders für die Art von Filmen zutreffend, die so wirklich erscheinen, als wären sie Realität. Bei der vielen Küsserei usw. auf der Leinwand fragt sich der Zuschauer zwangsläufig, wo denn da die Schauspielerei aufhört und die echten Gefühle anfangen. Auch für die Regenbogenpresse ist es ein schier unerschöpfliches Thema, über die möglichen Beziehungen zwischen den Darstellern zu spekulieren. Die berühmte »horizontale« Liebesszene in »Das Fleisch und der Teufel« (1926), bekam einen besonderen Reiz, als das Studio bekanntgab, Gilbert und die Garbo wären tatsächlich ein Paar. Ihr nächster Streifen, eine Verfilmung von »Anna Karenina«, bekam den einfachen Titel »Love« (1927). »John Gilbert und Greta Garbo in ›Love‹ – muß noch mehr über diesen Film gesagt werden?«, griff die Presse das Wortspiel begierig auf.

Da die Darstellung von Leidenschaft zwangsläufig die echten Gefühlsreserven antastet, ist es kaum verwunderlich, daß so viele Schauspieler und Schauspielerinnen die Grenze zwischen Spiel und Wirklichkeit überschreiten und sich tatsächlich in ihren Partner verlieben. Filme machen ist eine Kunst der Zusammenarbeit, die zum Gedeihen ein Treibhausklima besonderer Intimität benötigt. Es entsteht ein familiäres Gemeinschaftsgefühl, das sich normalerweise auflöst, wenn Kameraleute, Schauspieler usw. ihrer Wege gehen. Doch manchmal wird aus dem vor der Kamera entzündeten Funken ein Feuer, das die Dreharbeiten überdauert.

Als Lauren Bacall in »Haben oder Nichthaben« (1944) ihren ersten Auftritt hat und fragt »Hat hier irgend jemand Feuer?«, ist es selbst dem damaligen Publikum klar, daß Humphrey Bogart ihr auf zweierlei Ebenen erliegen wird, vor und hinter der Kamera. Die Bacall war eine 150prozentige Schauspielerin, eine, die nicht am Rande sitzen und mit den Augen klappern würde, während ihr Partner die besten Treffer landet. Im wahren Leben war Bogarts dritte Ehe damals zwar schon ziemlich am Ende, doch dauerte es noch ein ganzes Jahr, bis er die Scheidung bekam und die Bacall heiratete. Trotz des Altersunterschieds von 25 Jahren verlief ihre Ehe, besonders für Hollywoods Verhältnisse, sehr erfolgreich. Sie hatten zwei Kinder und lebten miteinander bis zu Bogarts Tod im Jahr 1957. Ihr filmischer Rapport ist wohl einer der aufregendsten der Filmgeschichte.

Spencer Tracy und Katharine Hepburn in »Ehekrieg« (1945)

Tracy und die Hepburn waren großartig, wenn sie sich mit ironischen Bemerkungen bombardierten. Dieser Film allerdings, in dem ein Reporter die dunklen Seiten eines toten »Helden« offenbart, hat nichts Komisches. Er ist zudem der einzige ihrer gemeinsamen Filme, in dem die Hepburn auf der Leinwand stirbt.

Humphrey Bogart und Lauren Bacall in »Tote schlafen fest/Der tiefe Schlaf« (1946)
Bogart in der Rolle des Privatdetektivs Philip Marlowe nach der Vorlage von Raymond Chandler. Zwischen seinen Ermittlungen findet er noch Zeit, die Bacall, ein reiches, lebenslustiges Mädchen, in freche Wortduelle zu verwickeln.
Photograph: Longworth

Es ist sicher kein Zufall, daß zwei dieser vier Filme unter der Regie von Howard Hawks standen: »Haben und Nichthaben« (1944) und »Tote schlafen fest« (1946). Obwohl er großen Wert auf rauhe Männlichkeit und Männerfreundschaft legte, gab er dem Kino mit seiner Arbeit einige der smartesten Heldinnen.

Auch Katharine Hepburn hatte ihre Rolle als Heldin von Hawks, wenn auch eine etwas oberflächliche, neben Cary Grant in »Leoparden küßt man nicht« (1938). Unorthodox und beharrlich hatte sie ihren eigenen Stil, weshalb Hollywoods unsensibles Establishment sie in den Dreißigern zum »Gift für die Kassen« abstempelte. Die Hepburn stand immer im Mittelpunkt; sie konnte sich nie mit einer Nebenrolle zufriedengeben.

Als sie 1942 »Die Frau, von der man spricht«, den ersten gemeinsamen Film mit Spencer Tracy, drehte, war sie eine ebenbürtige Partnerin, selbst wenn Tracy immer darauf bestand, an erster Stelle zu stehen. Es war die Verbindung und zugleich der Zusammenprall von Gegensätzen: ihr Filmcharakter war bissig, raffiniert und reizbar, seiner dagegen schroff, phlegmatisch und verdammt freimütig.

Im wahren Leben war es dagegen die Hepburn, die die

▲ Dolores Costello und John Barrymore in »When a Man Loves« (1926)
Die Stummfilm-Version von Abbé Prévosts Roman »Manon Lescaut«; in den Hauptrollen zwei Stars, die später heirateten. Ihr erster gemeinsamer Film, »The Sea Beast« (1926), hatte eine romantische Beziehung in der Geschichte von »Moby Dick« nach Herman Melvilles zum Inhalt.

► Charlie Chaplin und Paulette Goddard in »Moderne Zeiten« (1936)
Chaplin und die Goddard spielten auch gemeinsam in »Der große Diktator« (1940). 1933 hatten sie heimlich geheiratet; er war damals 44, sie 19 Jahre alt. *Photograph: Max Munn Autrey*

ECONOMY PAYMENT PLAN - 50¢
PER WEEK
TIRES AT

Nerven behielt während seiner Alkoholiker-Phasen, seiner Depressionen, und ihn in seiner langen Krankheit pflegte. Sie war außerdem entgegenkommend genug, sich mit der Tatsache abzufinden, daß Tracy als guter Katholik sich niemals von seiner Frau trennen würde, um sie zu heiraten. Gleichberechtigte Partnerschaften auf der Leinwand fanden hinter der Kamera nur selten ihre Entsprechung. Die Hepburn gab sogar zeitweise das Kino ganz auf, um für Tracy zu sorgen; Bogart dagegen machte der Bacall Vorhaltungen, sie würde Filme drehen, statt sich um ihre Kinder zu kümmern. Es ist bezeichnend für ihre enorme Popularität, daß Tracy und die Hepburn die Academy-Award-Nominierungen für seinen letzten Film »Rate mal, wer zum Essen kommt« (1967), erhielten (– sie gewann einen Award, er nicht). Es war vielleicht ein einfältiger, theatralischer Film, doch erinnerte er an die guten Zeiten eines begnadeten Filmpaares.

Der Auftritt von Mann und Frau innerhalb eines Films war jedoch nicht immer ein Hit, vom künstlerischen Wert gar nicht zu reden. Der einzige gemeinsame Film von Douglas Fairbanks und Mary Pickford – Hollywoods erstem Star-Ehepaar – war Shakespeares »Der Widerspenstigen Zähmung« (1929). Das Ergebnis war eine Katastrophe, bemerkenswert nur wegen des Zusatzes »mit ergänzenden Dialogen von Sam Taylor«. Siebenunddreißig Jahre später besetzte man die Rollen von Petruchio und Kate mit einem anderen, »echten« Liebespaar: Elizabeth Taylor und Richard Burton. Die beiden hatten sich bei den Dreharbeiten zu »Kleopatra« (1963) kennen und lieben gelernt und Schlagzeilen gemacht wie »Liz und Burton tollen durch Rom«. Der Film selbst war ein fader Flop. Für ihre Rolle in »Wer hat Angst vor Virginia Woolf« (1966) bekam die Taylor dagegen einen Oscar als »Beste Schauspielerin«. Doch schien das Publikum nicht interessiert an einer Taylor mit zerzausten Haaren, die mit ihren Partnern stritt und schmutzige Reden führte. Viel spannender waren die Beziehungen der Liebenden vor und hinter der Kamera, v. a. wenn die Handlung eigentlich zum Vergessen war, wie in »Boom!« (1968) oder »Hammersmith Is Out« (1972).

Heute ist die Frage nicht mehr so sehr »Sind sie oder sind sie nicht?«, sondern eher »Sind sie wirklich?«. Es ist schon schwierig, immer auf dem Laufenden zu sein, wer mit wem, wer heiratet wen, wer läßt sich von wem scheiden. Warren Beattys Privatleben läßt sich zum Beispiel anhand seiner Filme zurückverfolgen: »Shampoo« (1975) – die Julie-Christie-Periode, »Reds« (1981) – Partnerin Diane Keaton, und schließlich der katastrophale Flop »Ishtar« (1987) – mit Isabelle Adjani.

Fortsetzung Seite 96

Richard Burton und Elizabeth Taylor in »Kleopatra« (1963)
Burton und die Taylor verliebten sich bei der Arbeit an diesem Riesen-Flop. Was für ein Zauber auch zwischen den beiden war, auf der Leinwand spürte man nichts davon.

Greta Garbo und John Gilbert in »Das Fleisch und der Teufel« (1926)
Die »echte« Romanze zwischen den beiden Stars garantierte den außergewöhnlichen Erfolg dieses Films.

Douglas Fairbanks und Mary Pickford in »Der Widerspenstigen Zähmung« (1929)
Hollywoods erstes Star-Ehepaar in der glanzlosen Shakespeare-Verfilmung. Richard Burton und Elizabeth Taylor spielten die Rollen von Petruchio und Kate 1967 unter der Regie von Franco Zeffirelli.

Vivien Leigh und Laurence Olivier in »21 Days Together« (1940)
Einer der vielen gemeinsamen Filme des Paares, gedreht 1937, in den Kinos erst nach ihrer Heirat. Das Drehbuch stammt von Graham Greene (nach einem Theaterstück von John Galsworthy) und erzählt die dreiwöchige Affäre eines Mannes, der dann des Mordes angeklagt wird.

Die von der niedlichen zur ernsthaften Schauspielerin gewandelte Jessica Lange und der lakonisch rauhe Schauspieler und Drehbuchautor Sam Shepard traten in »Frances« (1982), einer ziemlich herzzerreißenden Geschichte über den Zusammenbruch und die anschließende Lobotomie (Gehirnoperation) der Schauspielerin Frances Farmer, zum ersten Mal gemeinsam auf. 1984 folgte »Country«, ein Drama über das harte Leben auf dem Land, das sie vermutlich an ihre eigene, für Hollywood ganz untypische Zurückgezogenheit auf einer Ranch erinnerte.

Es kommt nur selten vor, daß Ehepaare oder Geliebte nicht wenigstens in einem gemeinsamen Film auftreten, wenn auch nicht immer als romantisches Paar. Während Timothy Hutton in »Made in Heaven« (1987) seine ewige Liebe zu Kelly McGillis verkündete, stand seine Frau, Debra Winger, in der Rolle eines männlichen Engels dabei. Jack Nicholson und Kathleen Turner waren ein Liebespaar in »Die Ehre der Prizzis« (1985), doch es war Nicholsons langjährige Freundin Anjelica Huston, die für die Rolle der entehrten Prizzi-Tochter einen Oscar als »Beste Schauspielerin« in einer Nebenrolle erhielt.

Die Ehe mit einem Filmstar birgt ganz spezielle Fallen und Enttäuschungen, selbst wenn jeder der Partner ein Star ist. Vivien Leigh lehnte die Rolle der Isabella in »Stürmische Höhen« (1939) ab, da sie sich die Hauptrolle der Cathy, als Partnerin ihres Zukünftigen, Laurence Olivier, in den Kopf gesetzt hatte. (Merle Oberon bekam diese Rolle.) Sie hatten schon in dem britischen Film »Feuer über England« (1936) zusammengespielt, doch in Hollywood war die Leigh damals noch eher unbekannt. Und das änderte sich erst mit »Vom Winde verweht« (1939). Noch einmal war sie mit Olivier zu sehen in »That Hamilton Woman / Lady Hamilton« (1941), doch was auch immer zwischen ihnen glühte, es vermochte diese einfallslose Filmbiographie nicht aufzuhellen.

Tony Curtis' Studio, die Universal, mißbilligte seine Hochzeit mit Janet Leigh im Jahr 1951; seine anziehende Wirkung auf die Masse der ledigen Zuschauerinnen schien gefährdet. Das Paar drehte fünf Filme miteinander, der bekannteste darunter, »Die Wikinger« (1958), war ein waschechter Monumentalschinken. Obwohl man Curtis und die Leigh als »Das glücklichste Paar in Hollywood« bezeichnete, forderte das Showbusiness seinen Tribut. Ehekräche in allen Variationen wurden von den Fan-Magazinen verbreitet. Curtis' Karriere gedieh prachtvoll, während die ihre flau dahinsiechte. Endgültig auseinander gingen die

Fortsetzung Seite 102

Tony Curtis und Janet Leigh in »The Black Shield of Falworth« (1954)

Der zweite Film, der von der medienwirksamen Hochzeit der beiden Stars profitierte: eine herrlich schmalzige Sage aus Olde Englande, besonders reizvoll durch Curtis' nach Ritterart bestrumpfte Beine.

▲ **Lilli Palmer und Rex Harrison in »Notorious Gentleman/The Rake's Progress« (1945)**
Harrison, von den Klatschkolumnisten gern als »Sexy Rexy« bezeichnet, war sechsmal verheiratet. Hier mit seiner zweiten Frau, Lilli Palmer.

► **Yves Montand und Marilyn Monroe in »Let's Make Love« (1960)**
Die Monroe soll einmal zu einem Reporter gesagt haben: »Außer meinem Mann und Marlon Brando ist Yves Montand der attraktivste Mann, dem ich je begegnet bin.«

▼ **Clark Gable und Carole Lombard (1938/39)**
Die Lombard und Gable sahen sich zum ersten Mal bei »Entgleist« (1932), heirateten jedoch erst 1939. Er soll untröstlich gewesen sein, als sie 1942 bei einem Flugzeugabsturz ums Leben kam.

Mel Ferrer und Audrey Hepburn in »Krieg und Frieden« (1956)
Ferrer in der Rolle Andrejs, des Geliebten von Natascha, seiner »echten« Frau, in King Vidors Verfilmung von Leo Tolstois großem Roman. Henry Fonda spielte die Rolle ihrer letzten Liebe, Pierre.

Sharon Tate und Roman Polanski in »Tanz der Vampire« (1967)
Der polnische Regisseur und Schauspieler in seiner besten Horror-Komödie zusammen mit seiner Verlobten. Ihre Beziehung endete tragisch, als sie 1969 von fanatischen Anhängern von Charles Manson ermordet wurde.

Charles Bronson und Jill Ireland in »Valdez, the Halfbreed« (1973)
Seit ihrer Hochzeit im Jahr 1968 hatte die Ireland mehrere Rollen in den Filmen ihres Mannes.

beiden nach der Geburt ihrer zweiten Tochter, die sich später als Jamie Lee Curtis einen Namen machen sollte.

Simone Signorets mütterliche Gefühle für das Waisenkind Marilyn Monroe schwanden rapide, als sie bemerkte, daß ihr Ehemann, Yves Montand, den Titel seines Films mit der Monroe – »Let's Make Love« (1960) – allzu wörtlich nahm. Die Monroe soll angeblich eines Nachts, bekleidet nur mit einem Nerz, in das Hotelzimmer des Franzosen eingedrungen sein; so einer Aufforderung hätten – verheiratet oder nicht – wohl nur wenige Männer widerstanden.

Heute ist der Einfluß des einzelnen Stars auf die Produktion größer denn je. Schauspieler mit dem Ruf eines Kassenmagneten initiieren ihre eigenen Projekte mit selbstgewählten Partnern. Stars wie Clint Eastwood besitzen ihre eigene Filmgesellschaft und sorgen dann dafür, daß ihr Partner bzw. ihre Partnerin (wie Sondra Locke in Eastwoods Fall) vor der Kamera eine Rolle mit demselben Stellenwert wie in der Realität bekommt. Die »bessere Hälfte« miteinzubeziehen ist v. a. eine Eigenart der Action-Stars, obwohl dabei die Qualität der Leinwand-Beziehung meist zu wünschen übrig läßt. Charles Bronson nahm zum Beispiel manchmal seine Frau, Jill Ireland, mit auf einen Ritt; Sylvester Stallone verhalf seiner Frau, Brigitte Nielsen, zu ihrem ersten großen Auftritt in »Rocky IV« (1985) und noch einmal in »Cobra« (1985); dann entschied sie sich allerdings, auf seine Hilfe zu verzichten und stieg in »Beverly Hills Cop II« (1987) ein, als Partnerin von Eddy Murphy.

Die Beziehungen einer Schauspielerin beschränkten sich nicht bloß auf ihre männlichen Kollegen. Oft gab es Romanzen mit Regisseuren, besonders mit Bezug auf die Urheber-Theorie. Diesen hochtrabenden Ausdruck prägten in den Fünfzigerjahren die Kritiker des französischen Film-Magazins »Cahiers du Cinéma«. Sie betrachteten den Regisseur nicht als bloßen Handlanger der Studios, sondern als Kreativen mit künstlerischen Vorstellungen. Also konnten auch Regisseure Star-Qualität besitzen. Jean-Luc Godard, der Hollywoods »Gesetze« für seine Zwecke auf den Kopf stellte, war mindestens ebenso gefeiert wie Anna Karina, seine erste Frau und Heldin zahlreicher früher Filme von ihm. Godard, der gerne mit Drei-Tage-Bart und

Fortsetzung Seite 106

▶ **Marlene Dietrich in »Schanghai Expreß« (1932)**
Leidenschaft, in überhöhter Ästhetik sublimiert: das Ergebnis der Beziehung zwischen der Dietrich und ihrem Regisseur, Joseph von Sternberg. Von Sternbergs Frau verklagte die Dietrich wegen Entfremdung und Verwirrung der Gefühle ihres Gatten; die Dietrich nahm den Kampf auf und gewann. *Photograph: Don English*

Sondra Locke und Clint Eastwood in »Any Which Way You Can« (1980)
Sondra Locke spielte in vielen von Eastwoods Filmen. In dieser Fortsetzung von »Der Mann aus San Fernando« (1978) treten sie und alle anderen Darsteller jedoch völlig in den Hintergrund angesichts eines Orang-Utans namens Clyde.

Julie Christie und Warren Beatty in »McCabe and Mrs Miller« (1971)
Beattys Beziehung mit Julie Christie ist die wohl bekannteste seiner zahlreichen Romanzen. Das Duo spielte außerdem gemeinsam in »Shampoo« (1975) und »Der Himmel soll warten« (1978).

Irving G. Thalberg und Norma Shearer (1927)
Thalberg, bekannt als das »Wunderkind«, war Produktionschef bei MGM, als er am 29. September 1927 die Shearer, einen der großen Stars seines Studios, heiratete. Diese Ehe hatte keinerlei negative Auswirkungen auf Shearers Karriere.

Zigarettenstummel an der Lippe für die Photographen posierte, schuf auch neue Maßstäbe des Glamour: der Regisseur als Superstar nach europäischer Art.
Manchmal verläuft die Zusammenarbeit zwischen Schauspieler und Regisseur auf rein künstlerischem Niveau, manchmal ist die sexuelle Beziehung offensichtlich. Josef von Sternbergs Präsentation seines Protégés, Marlene Dietrich, war durch die Betonung von Schatten und Strukturen hochgradig erotisch. Sie wirkte wie ein halbwirkliches Symbol der Versuchung, umgeben von Geheimnis und Verheißung; eine aus Beleuchtung, Kameraführung, Schnitt, Kostüm und Background geschaffene Illusion, um sie so schmeichelhaft wie möglich zu zeigen.

Auch Produzenten konnten die Karriere ihrer Protégés begünstigen: die Ehe mit MGM's Oberboß, Irving G. Thalberg, hat Norma Shearer nicht eben geschadet. Jennifer Jones wurde vom Produzenten David O. Selznick überlegt geführt und groß gemacht; gelegentlich heirateten die beiden. (King Vidor, Regisseur der Jones in dem gefühlvoll dramatischen »Duell in der Sonne« [1946], behauptete später im Scherz, man könne stellenweise Selznicks schweren Atem im Hintergrund hören.) Ein anderer Hollywood-Produzent, Darryl F. Zanuck, zeigte weniger Geschick bei der Wahl seiner Schützlinge. Seine Versuche, eine Reihe von Geliebten (Bella Darvi, Juliette Greco, Irina Demick und Genviève Gilles) zu Stars zu machen, scheiterten sämtlich an der Ablehnung des Publikums. Ein seltenes Beispiel von vertauschten Rollen bei diesem Spiel ist Alan Ladd, dessen Karriere seine Frau und Agentin, Sue Carol, lenkte.

Karriere und Ruf eines Protégé wirken auch auf den Mentor zurück. Roger Vadim beispielsweise, kein Regie-Genie, bewies großes Talent bei der Entdeckung von Jungstars wie Brigitte Bardot, Catherine Deneuve und Jane Fonda. Alle drei drehten ihre berühmtesten Filme jedoch mit anderen Regisseuren. Va-

Brigitte Bardot und Jean-Louis Trintignant in »Und immer lockt das Weib« (1956)
Liebe und Lust à la St. Tropez. Regisseur Roger Vadim drehte 1988 ein Remake seines berühmtesten Films, mit Rebecca De Mornay in der Bardot-Rolle.

dims erster Film »Und immer lockt das Weib« (1956) blieb auch sein bekanntester: Er präsentierte die hüllenlose Bardot einem staunenden Publikum, das es nicht gewohnt war, seine Sexsymbole beim lustvollen Liebesakt zu beobachten.

Im Jahr 1949 schockierte Ingrid Bergman die westliche Welt, als sie Mann und Tochter verließ und mit dem italienischen Regisseur Roberto Rossellini »durchbrannte«; diese Sünde wurde noch verschlimmert durch das uneheliche Kind, das sie kurz danach zur Welt brachte. Amerika, das solch ungebremster Leidenschaft auf der Leinwand applaudiert hätte, wollte diesen Vorfall in der Realität nicht hinnehmen. Die Presse machte sie nieder; der amerikanische Senat denunzierte sie als »Hollywoods Apostel der Sünde«. Es ging gar nicht so sehr darum, daß man solche Geschichten in Hollywood noch nicht erlebt hatte, doch daß es ausgerechnet Ingrid Bergman war: Eine Schauspielerin, die für ihre Darstellungen als Nonne in »The Bells of St. Mary's« (1945) und als Heilige in »Joan of Arc« (1948) Oscar-Nominierungen bekommen hatte; eine Schauspielerin, die die Studios mit dem Image der makellosen Heiligkeit vermarktet hatten. – Es kursierte sogar das Gerücht, sie würde privat nicht einmal einen Lippenstift benutzen. Rossellini und die Bergman heirateten schließlich, und er führte Regie in einigen ihrer Filme wie »Stromboli« (1949) und »Liebe ist stärker« (1953), zwei düsteren Studien gescheiterter Ehen. Erst 1956 signalisierte Hollywood Vergebung mit einem Oscar.

Orson Welles' Ehe mit Rita Hayworth war bereits zum Scheitern verurteilt, als er noch darauf bestand, sie müsse, für die Rolle in »Die Lady von Shanghai« (1948) – eine der herzlosesten femmes fatales der Filmgeschichte – ihr Markenzeichen, die langen, roten Locken, abschneiden und blondieren lassen. Welles war ihr Gegenspieler und zugleich Drehbuchautor und Regisseur dieses spröden Meisterstücks. Der Film ist eigentlich die Dokumentation seiner Verzückung, seiner Enttäuschung und schließlich seiner Ohnmacht gegenüber der Frau, die sich hinter der Fassade dieses berühmten Sex-Symbols verbarg.

Zu Hollywoods erfolgreichsten Ehen zählt sicher die von Paul Newman und Joanne Woodward. Sie drehten eine Reihe gemeinsamer Filme; der letzte davon, »The Drowning Pool« (1978), ist die Verfilmung eines Kriminalromans des Kaliforniers Ross MacDonald. Irgendwie registrierte man die beiden nie als großes Filmpaar; vermutlich weil ihr Stil so unvergleichbar ist. Bei

◀ **Paul Newman und Joanne Woodward in »Der lange, heiße Sommer« (1958)**
Ihr erster gemeinsamer Film nach einer Kurzgeschichte von William Faulkner. Joanne Woodward scheint sich später ganz auf den Typ »Frau aus dem Süden« spezialisiert zu haben, den sie hier darstellt.

▶ **Orson Welles und Rita Hayworth in »Die Lady von Schanghai« (1948)**
Bei den Dreharbeiten zu diesem Film waren Welles und die Hayworth schon auf dem Weg zur Scheidung. *Photograph: Cronenweth*

der Woodward, einer wirklich talentierten Schauspielerin, wird man nie den Eindruck los, daß sie eine Vorstellung gibt; Newman dagegen, wie alle großartigen Darsteller, scheint ohne sichtbare Verstellung in seinen Rollen zu leben. Er führte Regie in einigen Filmen seiner Frau, darunter »Rachel, Rachel« (1968), die Geschichte einer gehemmten Lehrerin, und »Die Glasmenagerie« (1987), nach dem Stück von Tennessee Williams, mit ihr in der Rolle der Mutter, einer alternden Schönheit aus dem Süden.

John Cassavetes und Gena Rowlands sind so etwas wie ein Remake des Duos Newman-Woodward. Obwohl sie einige gemeinsame Filme machten, wie »Die erste Nacht/Premiere« (1978) und »Love Streams« (1984) (als Bruder und Schwester), findet man doch in den meisten Fällen die Rowlands solo unter seiner Regie. Am bekanntesten vermutlich »Gloria, die Gangsterbraut« (1980).

Woody Allens weibliche Hauptdarstellerinnen waren fast immer auch seine Geliebten. Seine Frau, Louise Lasser spielte mit ihm in »Bananas« (1971), Diane Keaton in einer Reihe von Filmen, darunter »Der Stadtneurotiker« (1977) (ein halb-autobiographischer Film, der vermutlich auf den Erfahrungen ihrer gemeinsamen Beziehung basiert) und schließlich Mia Farrow, die sich in »Broadway Danny Rose« (1984), »Hannah und ihre Schwestern« (1986) und »September« (1988) als bis dato unentdecktes Talent präsentierte.

Obwohl einem das nasale Wimmern und die pausenlosen, intellektuellen Bemerkungen schon auf die Nerven gehen können, ist Allen einer der wenigen zeitgenössischen Filmemacher, die auf vernünftige und zugleich ironische Weise mit Liebe und Sex umzugehen verstehen. Seine männlichen Hauptfiguren, häufig von ihm selbst dargestellt, sind neurotische, unsichere und

sexuell eher unfähige Individualisten. Seine Komödien stehen in der Tradition der New Yorker Juden wie S. J. Perelman.

Zwar handeln seine Geschichten meist von einer romantischen Beziehung, doch bleibt Allen realistisch genug, Liebe nicht als überwältigende, lebenslange Leidenschaft darzustellen, wie man das in Hollywood noch immer gerne sieht. Das hält ihn aber nicht von einer gelegentlichen Hommage an Hollywoods Tradition ab, an die Institution Kino, die es jedem gewöhnlichen Menschen ermöglicht, aus dem Chaos des Alltags zu fliehen, wie z. B. in »The Purple Rose of Cairo« (1985). Allens Liebende begegnen sich, streiten miteinander und gehen wieder ihrer Wege; er akzeptiert die Tatsache, daß Zeit und Umstände die Menschen ändern. Er zeigt uns nicht die Realität, ist aber so nah an der Wirklichkeit wie wir an der Möglichkeit, auf die große Leinwand zu kommen.

◀ John Cassavetes und Gena Rowlands in »Love Streams« (1983)
Cassavetes führte oft Regie in den gefühlvollen Dramen seiner Frau und spielte gelegentlich auch mit ihr gemeinsam.

▲ Gérard Depardieu und Fanny Ardant in »La Femme d'à Côté« (1981)
Regie führte hier Ardants Lebensgefährte François Truffaut. Sie brachte ein Kind von ihm zur Welt, kurz nachdem er an Krebs gestorben war.

▶ Diane Keaton und Woody Allen in »Manhattan« (1979)
Nervige Liebe in New York City. Die Keaton war Allens Fixpunkt in seiner Phase zwischen Louise Lasser und Mia Farrow. Sie spielte eine hervorragende Rolle in den »Radio Days« (1987).

TOW
AWAY
ZONE
NO
STANDING
ANY
TIME

Sean Penn und Madonna in »Shanghai Surprise« (1986)
Der lebhafte, rauhe Kerl und der Super-Popstar: Gefährten im wirklichen Leben, denen hier der zündende Funke fehlte. So wurde dieser Film zum wohlverdienten Flop.

Sam Shepard und Jessica Lange in »Country« (1984)
Schweigsame Männlichkeit trifft auf die vom Starlet zur seriösen Schauspielerin Gewandelte – eine perfekte Mischung.

DIE LIEBE HAT VIELE GESICHTER

Es gibt Filmpaare für jeden Geschmack. Ob es sich aber um ein komisches oder tragisches, ein singendes oder tanzendes Duo handelte, immer ging man aus von der fundamentalen Bedeutung der Zweierbeziehung innerhalb unserer Gesellschaft. Unter all den jemals verfilmten Romanzen sind nur ganz wenige, deren Handlung nicht dem bekannten kleinen Themenkreis entnommen ist.

Da gibt es zunächst die schlichte große Liebe, die über alles siegt: Armut, Trennung, Krieg, Gedächtnisschwund, körperliche Gebrechen. Sie schlägt eine Brücke zwischen unterschiedlichen Gesellschaftsklassen, verheiratet, die zueinander passen und überwindet Gegensätze. Wie viele Klagen auch geführt, welche Traumata auch durchlitten wurden, das Publikum kann sich doch stets auf ein versöhnliches Ende verlassen, wo alle Mißverständnisse geklärt sind und das Paar glücklich vereint in die Zukunft blicken (oder zumindest gemeinsam Ruhe finden) darf. Mit Tränen endete dagegen oft, was sich mit den dunkleren Seiten der Liebe auseinandersetzte. Begierde, Untreue, Eifersucht und Besessenheit führten zu Wahnsinn, Mord und Tod. Die unbegrenzten Möglichkeiten waren plötzlich auf unscharfe Konturen reduziert, anhand derer der Zuschauer die Situation ihrer Charaktere, und oft sogar das bittere Ende schon zu Beginn erkennen konnte.

DIE ROMANZE

Filme wie »Vom Winde verweht« (1939) gehören zu den üppigen Romanzen, deren Liebende ständig nach dem Sinn der Liebe an sich suchen und sie dennoch als natürliche Macht anerkennen, die ihr ganzes Leben bestimmt. Diese Helden scheinen davon überzeugt, daß ihr Traumpartner irgendwo auf sie wartet. Manchmal kommen sie von der Suche nach ihm ab, durch Selbsttäuschung, Verführung, durch Reichtum oder Macht. Wir, die Zuschauer, haben die Lage meist längst durchschaut. Uns fällt es leicht, wahre Liebe (Scarletts zu Rhett) von der falschen (ihre Verirrung mit Ashley) zu unterscheiden. Und wir wissen natürlich, daß die Heldin schlußendlich ihren Fehler erkennen und ihre Bemühungen auf Mr Right konzentrieren wird, bevor alles zu spät ist (selbst wenn er, wie Rhett Butler, sagt, daß er drauf verzichten

(v. l. n. r.) Harry Davenport, Clark Gable, Leslie Howard und Vivien Leigh in »Vom Winde verweht« (1939)

Das Liebespaar im amerikanischen Bürgerkrieg – eine der beliebtesten Filmromanzen.

Photograph: Fred Parrish

kann). Das gleiche g lt für Wendy Hiller in »I Know Where I'm Going« (1945). Halsstarrig in ihrem Entschluß, einen reichen Industrie-Magnaten zu heiraten, weigert sie sich bis zum Ende des Films, ihre Gefühle für einen verarmten schottischen Gutsbesitzer (Roger Livesey) einzugestehen. Die Pfade der wahren Liebe sind niemals leicht und gerade – wären sie es, so gäbe es einfach nicht genug Handlung. Allein die Filme mit Astaire und der Rogers präsentieren zahlreiche Möglichkeiten des Mißverständnisses oder der Komplikation durch einen Dritten.

Die Liebenden der Leinwand haben geradezu einen Parcours von Hindernissen zu überwinden, der sie voneinander und vom Happy-End trennt. Manchmal sind es mißgünstige Verwandte, manchmal snobistische Bekannte, die sich über eine Liaison, wie die zwischen der Witwe Jane Wyman und ihrem jungen, unbürgerlichen Gärtner Rock Hudson, in »Die wunderbare Macht« (1955), mokieren. Gelegentlich stellt sich der Geliebte als Psychopath heraus, wie Gregory Peck in »Ich kämpfe um Dich« (1945). – Was für ein Glück, wenn die Geliebte, Ingrid Bergman, zufällig Psychoanalytikerin ist, die den Jungen schon heilen wird. Manchmal ist einer der Liebenden behindert. Die Aufgabe des anderen ist es dann, dieses Gebrechen zu heilen, wie Robert Taylor, der sich vom Playboy zum Gehirnchirurgen wandelt und in »Magnificent Obsession« (1935) Irene Dunne rettet.

Roger Livesey und Wendy Hiller in »I Know Where I'm Going« (1945)
Die Lady kommt durch die Liebe zu Michael Powell in Emeric Pressburgers Romanze vor dem öden Hintergrund der Hebriden vom »rechten« Weg ab.

▲ **Nino Castelnuovo und Catherine Deneuve in »Les Parapluies de Cherbourg« (1964)**
Liebe und Musik. Man findet und verliert sich wieder in Jacques Demy's rührender Geschichte.

◀ **Rock Hudson und Jane Wyman in »Die wunderbare Macht« (1955)**
Die Witwe und der Gärtner. Liebe überwindet die Schranken von Klasse und Alter, zumindest in Douglas Sirks Melodram.

Richard Gere und Lisa Eichhorn in »Yanks« (1979)
Der G. I. und das englische Mädchen tun das Ihre für die anglo-amerikanischen Beziehungen während des Zweiten Weltkriegs.

Henry Fonda und Katharine Hepburn in »Am Goldenen See« (1981)
Zerknitterte Romanze: zwei von Hollywoods alten Recken beweisen, daß Liebespaare im Film nicht jugendlich frisch zu sein haben.

Gregory Peck und Ava Gardner in »Der Spieler« (1949)
Ein dramatischer Kostümfilm über Liebe und Glücksspiel.

DIE GROSSE ILLUSION

Eine Romanze schließt nicht notwendigerweise die Realität aus. Einige der beliebtesten romantischen Filme setzen sich auf geradezu zynische Weise mit der Natur der Liebe und des Verlangens auseinander. Max Ophüls' »Reigen«, die Verfilmung von Schnitzlers Skandalstück, gehört zu den romantischsten Filmen der Kinogeschichte; und doch geht es eigentlich nur um die rücksichtslose Aufdeckung der Illusion »Liebe« und die »Kunst« der Verführung. Die Liebenden agieren, ohne zu bemerken, daß sie nur Statisten im ewigen Kreislauf des Verlangens sind. Die Hure (Simone Signoret) liebt den Soldaten (Serge Reggiani), der wiederum das Dienstmädchen (Simone Simon) liebt, die den jungen Herrn (Daniel Gélin) liebt, der die verheiratete Dame (Danielle Darrieux) liebt... Und so weiter, bis der Kreis sich bei der Prostituierten wieder schließt.

In »Dieses obskure Objekt der Begierde« (1977) unterstreicht Luis Buñuel den abstrakten Charakter des sexuellen Verlangens, indem er das Mädchen, dem Fernando Rey verfällt, von zwei verschiedenen Schauspielerinnen darstellen läßt. Carole Bouquet und Angela Molina verkörpern das »leicht-zu-haben« und »schwer-zu-bekommen« dieser Frau. Marlene Dietrich spielte diese Rolle in Josef von Sternbergs Verfilmung derselben Geschichte: »Die spanische Tänzerin« (1938). Für den Mann ist das Objekt seiner Begierde keine Person, sondern ein Geheimnis, daß nur existiert, um ihn zu beglücken und zu quälen. Manche Charaktere wählen aber auch freiwillig die Rolle des Sex-Objekts. In George Axelrods unterschätzter Farce »The Secret Life of an American Wife« (1968), gibt sich Anne Jackson als Prostituierte. Unfähig ihre Rolle bis zum Ende durchzuhalten, entdeckt sie, daß ihr Kunde, ein Filmstar (Walter Matthau), selbst nur die Rolle des potenten Frauenhelden spielt. Beide lassen die Maske fallen und verstehen sich danach erst wirklich großartig.

In »The Life and Death of Colonel Blimp« (1943) spielt Deborah Kerr alle drei Liebschaften im Leben von Roger Livesey's Blimp und zeigt so seine Schwäche für einen bestimmten Typ Frau. Alfred Hitchcock's »Aus dem Reich der Toten« (1958) ist eine düstere Studie desselben Themas; auf den ersten Blick ein Thriller, handelt es sich hier vornehmlich um das Erkennen der Unmöglichkeit romantischer Erfüllung. James Stewart macht Kim Novak zum Abbild seiner verlorenen Liebe, die selbst nur eine von ihm beschworene Illusion war. Perfekte Partner gibt es nur im Film, und selbst da müssen sie manchmal vom Drehbuchautor passend zum Typ der Schauspieler erfunden werden.

James Stewart und Kim Novak in »Aus dem Reich der Toten« (1958)
Alfred Hitchcocks unvergeßliche Geschichte vom unerreichbaren Objekt des Verlangens.

1

4

5

8

9

2

3

6

7

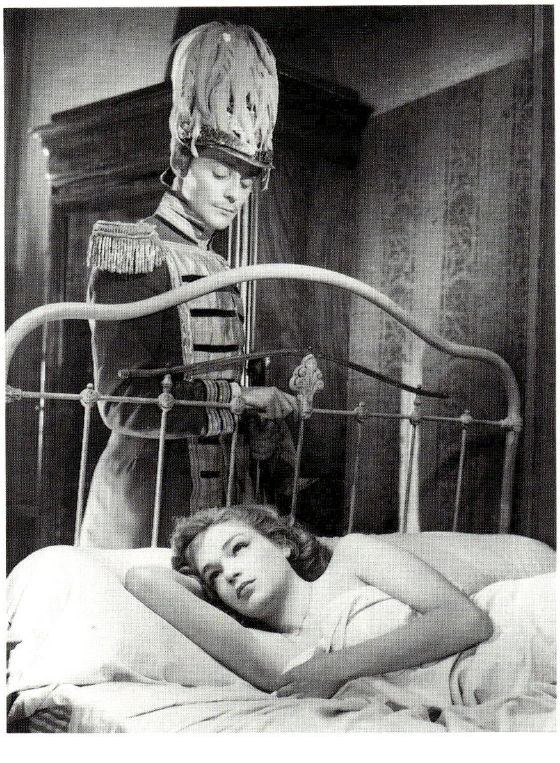

10

»Der Reigen« (1950)

Max Ophüls Karussell der Liebe, nach dem Bühnenstück von Arthur Schnitzler: **1**) Die Prostituierte (Simone Signoret) und der Soldat (Serge Reggiani) **2**) Der Soldat und das Dienstmädchen (Simone Simon) **3**) Das Dienstmädchen und der Junge Herr (Daniel Gélin) **4**) Der Junge Herr und die verheiratete Dame (Danielle Darrieux) **5**) Die verheiratete Dame und ihr Ehegatte (Fernand Gravey) **6**) Der Gatte und das Mädchen (Odette Joyeux) **7**) Das Mädchen und der Dichter (Jean-Louis Barrault) **8**) Der Dichter und die Schauspielerin (Isa Miranda) **9**) Die Schauspielerin und der Baron (Gérard Philipe) **10**) Der Reigen schließt sich mit dem Baron und der Prostituierten.

▲ **Charles Boyer und Hedy Lamarr in »Algiers« (1938)**
Das verwässerte Hollywood-Remake von »Pépé le Moko – Im Dunkel von Algier« (1937).

▶ **Warren Beatty und Faye Dunaway in »Bonnie und Clyde« (1967)**
Arthur Penns Killer-Duo auf der Flucht vor dem Gesetz.

LIEBE AUF DER FLUCHT

Liebende auf der Leinwand sind oft Flüchtlinge. Auf der Flucht vor Verbrechern oder Polizisten nutzen sie jeden Augenblick der Leidenschaft, der zwischen In-Deckung-gehen und Zurückschießen bleibt. Gefahr an Leib und Leben erhöht die Gefühle oder ersetzt Sex, wie in »Bonnie und Clyde« (1967), die bei einem Bankraub empfinden, was sie im Bett vermissen. Henry Fonda und Sylvia Sidney in »Gehetzt/Du lebst nur einmal« (1937), John Dall und Peggy Cummins in »Gun Crazy« (1948), und Keith Carradine und Shelley Duvall in »Thieves Like Us« (1974) sind weitere Beispiele für das Paar auf der Flucht. Sie alle stehen auf der »falschen« Seite des Gesetzes und vollziehen ihre Liebe durch den Tod in den Armen des anderen.

Sowohl in »Pépé le Moko – Im Dunkel von Algier« (1937), als auch in »Hafen im Nebel« (1938) spielt Jean Gabin einen Helden auf der Flucht, dessen Liebeserlebnisse mit Mireille Balin bzw. Michèle Morgan wie vergebliche Träume der Rettung kurz vor dem Vergeltungsschlag gegen ihn scheinen. Jean-Paul Belmondo spielt in »Außer Atem« (1960) einen ganz ähnlichen Typ und wird schließlich sogar von seiner Geliebten, Jean Seberg, an die Polizei verraten.

Unschuldige Flüchtlinge entdecken die Liebe häufig in den brenzligsten Situationen. Robert Donat fesselt sich in »Die 39 Stufen« (1935) selbst mit Handschellen an Madeleine Carroll und beschert dem Zuschauer in der Folge eine der besten Fluchtszenen der Kinogeschichte. In »Der unsichtbare Dritte« (1959) versteckt sich Cary Grant im Schlafwagen-Abteil von Eva Marie Saint, bevor er sich mit ihr am Mount Rushmore herumtreibt. Der ehrenwerte Polizist Harrison Ford flieht in »Der einzige Zeuge« (1985) mit Kelly McGillis, einer jungen Witwe der Amish people, als seine Verfolger ihn zwingen, die friedlich religiöse Gemeinschaft mit einem unheiligen Showdown zu stören.

NEW YORK
Herald Tribu

Faye Dunaway und Steve McQueen in »Thomas Crown ist nicht zu fassen« (1968)
Profi-Bankräuber contra knapp bekleidete Versicherungs-Beauftragte: Hochglanz-Erotik, ausgetragen auf dem Schachbrett.

◀ Jean-Paul Belmondo und Jean Seberg in »Außer Atem« (1960)
Der französische Gangster und das amerikanische Mädchen: Jean-Luc Godards New Wave Hommage an den Monogramm-Stil.

▲ **Sylvia Sydney und Henry Fonda in »Gehetzt/Du lebst nur einmal« (1937)**
Fritz Langs früher Entwurf der »Bonnie-und-Clyde«-Story.

◀ **Cary Grant und Eva Marie Saint in »Der unsichtbare Dritte« (1959)**
Der lange Kuß: Auf der Flucht und in die Arme der eiskalten Blondine.

▶ **Kelly McGillis und Harrison Ford in »Der einzige Zeuge« (1985)**
Ein Bulle findet das Glück mit einer jungen Witwe der Amish People – Peter Weirs romantischer Thriller.

Madeleine Carroll und Robert Donat in »Die 39 Stufen« (1935)
Kompromittierende Situation: Liebende untrennbar verbunden in Alfred Hitchcocks klassischem Abenteuerfilm.

LIEBE BIS IN DEN TOD

Die Liebenden des film noir sind ein verrufener Haufen. Die Männer, für gewöhnlich schwach oder begierig, fallen nur zu gern einer femme fatale zum Opfer, die sie mit der Verheißung von Leidenschaft in ihr Netz lockt. In »Frau ohne Gewissen« (1944) ist Fred MacMurray Barbara Stanwyck derart verfallen, daß er alles für sie tut, auch einen Mord begeht. Nicht viel besser ergeht es John Garfield in »Im Netz der Leidenschaften« (1946) mit Lana Turner in verführerischen Shorts, oder William Hurt auf der Jagd nach Kathleen Turner: »Eine heißkalte Frau« (1981). Die Flucht aus dem Netz ist nahezu unmöglich, wie Robert Mitchum begreift, als in »Goldenes Gift« (1947), Jane Greer seine Pläne, ein neues Leben zu beginnen, durchkreuzt. Diese Liebhaber sind verlorene Kreaturen, verurteilt ihren Verrat mit Gefängnis oder Tod zu büßen. Sie existieren aber nicht nur in der düsteren Welt des film noir: So vollstrecken Gregory Peck und Jennifer Jones in »Duell in der Sonne« (1946) ihre Leidenschaft, indem sie sich am Ende gegenseitig mit Blei vollpumpen – und das alles in herrlichstem Technicolor.

S. 138

Faye Dunaway und Jack Nicholson in »Chinatown« (1974)
Der Privatdetektiv und die femme, die gar nicht so fatale ist, wie sie glaubt – Roman Polanskis meisterhafte Hommage an den film noir.

▶ Jane Greer und Robert Mitchum in »Goldenes Gift« (1947)
Mitchum als Opfer der femme fatale in Jacques Tourneurs klassischem film noir. Greer und Mitchum spielten noch einmal gemeinsam in Don Siegels »The Big Steal« (1949).

▲ **Clara Calamai und Massimo Girotti in »Ossessione... von Liebe besessen« (1942)**
Luchino Viscontis inoffizielle Version von »Wenn der Postmann zweimal klingelt« im Stil des italienischen Neorealismus.
Photograph: Civirani

◀ **Lana Turner und John Garfield in »Im Netz der Leidenschaften« (1946)**
Begierde, die zum Mord führt. 1981 gab es ein Remake dieser Geschichte von James M. Cain mit Jack Nicholson und Jessica Lange in den Hauptrollen.

▲ **Kathleen Turner und William Hurt in »Eine heißkalte Frau« (1981)**
Die femme fatale und ihr Opfer. Ein film-noir-Melodram der Vierziger mit dem harten Sex der Achtziger.

▶ **Barbara Stanwyck und Fred MacMurray in »Frau ohne Gewissen« (1944)**
Die femme fatale und der Versicherungsvertreter in Billy Wilders film noir nach James M. Cain.

Danielle Darrieux und Charles Boyer in »Mayerling« (1936)
Ein tränenreiches Ende für den Kronprinzen und seine Geliebte. 1969 drehte man ein Remake mit Omar Sharif und Catherine Deneuve in den Hauptrollen.

EIN KUSS UND DANN STERBEN

Diese Liebenden sind nicht notwendigerweise Verbrecher, dennoch haben sie am Ende des Films zu sterben. Der Tod ist in vielen Fällen die einfachste Lösung für den Drehbuchautor. Wie sehr Robert Taylor »Die Kameliendame« (1936), Greta Garbo, auch liebt, so offensichtlich ist zugleich die Unmöglichkeit einer Heirat mit der Kurtisane, für einen Mann seines Standes. Es ist also viel problemloser, sie in seinen Armen sterben zu lassen. Mit Mischehen war Hollywood immer sehr vorsichtig; so zeigt zum Beispiel William Holdens Zurückhaltung gegenüber der Eurasierin Jennifer Jones in »Love Is a Many-Splendoured Thing« (1955), daß solche Romanzen eben nicht weiterzugehen haben. Japanische Frauen sterben im Kino wie die Fliegen: Red Buttons verliert Miyoshi Umeki in »Sayonara« (1957), John Wayne wird in »The Barbarian and the Geisha« (1958) von Eiko Ando »befreit« und Dirk Bogarde gibt Yoko Tanio in »The Wind Cannot Read« (1958) den Abschiedskuß.

Charles Boyer und Danielle Darrieux sehen in dem historischen Film »Mayerling« (1936) Selbstmord als einzige Rettung. Omar Sharif und Catherine Deneuve erfuhren im Remake von 1969 dasselbe Schicksal. Suizid scheint auch der einzig mögliche Weg für eine »gefallene« Frau: Vivien Leigh wirft sich in »Ihr erster Mann« (1940) vor einen Lastwagen, weil die zur Prostituierten gewordene Ballerina ihrem Geliebten, Robert Taylor, nicht mehr ins Gesicht blicken kann. In »Humoresque« (1946) läßt sich Joan Crawford, als verheiratete Dame von Stand mit dem Geiger John Garfield ein, bevor sie ins Wasser geht. Greta Garbo wirft sich als »Anna Karenina« (1946) vor einen Zug.

Nicht selten dient der Tod eines Liebenden aber als letztes Mittel, um dem Publikum zu geben, wonach es verlangt: sentimentale, tränenreiche Wallungen. Ein tragisches Ende rundet den ganzen Film ab und erspart dem Zuschauer die nagenden Zweifel, was wohl aus den beiden wird, wenn die erste Euphorie verflogen ist. Ryan O'Neal und Ali MacGraw aus »Love Story« (1970) werden sich, jung gestorben, nie mit Untreue und Ehekrach befassen müssen. In »One Way Passage« (1932) stirbt Kay Francis an einer Herzkrankheit, während William Hurt auf seine Hinrichtung wegen Mordes wartet – die beiden sehen sich nie mit dem Problem des Alterns konfrontiert.

Andererseits kann die Liebe aber auch so mächtig sein, daß sie zwei Menschen im bzw. nach dem Tod vereint. Da trällern zum Beispiel Jeanette MacDonald und Nelson Eddy in »Maytime« (1937) auch über den Tod hinaus. Liebe kann – zumindest im Film – den Geliebten aus dem Jenseits zurückholen, wie Jennifer Jones, die den Maler Joseph Cotton in »Jenny« (1948) inspiriert. Eine besonders gruselige Variation bietet Elizabeth Shepherd auf der Jagd nach Vincent Price in »The Tomb of Ligeia« (1965). Der Tod ist nicht gegen die Liebe gefeiht. Als Jenseitiger in menschlicher Gestalt verliebt sich Frederic March hoffnungslos in die irdische Evelyn Venable in »Death Takes a Holiday« (1934).

▲ Vivien Leigh und Robert Taylor in »Ihr erster Mann« (1940)

Die Ballerina und der Soldat: Vor dem Hintergrund des Krieges wird Liebe zur Tragödie. *Photograph: Willinger*

▶ James Dean und Natalie Wood in »Denn sie wissen nicht was sie tun« (1955)

Ungezähmte Jugend in Nicholas Rays Geschichte von Entfremdung und sensibler Teenager-Romantik.

▲ **Al Pacino und Marthe Keller in »Bobby Deerfield« (1977)**
Der Rennfahrer und das todkranke italienische Mädchen.

Jeff Bridges und Glenn Close in »Jagged Edge« (1985) ▲
Der Zeitungsmagnat und die Staranwältin.

◀ **Ryan O'Neal und Ali MacGraw in »Love Story« (1970)**
Liebe heißt, nicht alt werden zu müssen.

▲ **Joseph Cotton und Jennifer Jones in »Jenny« (1948)**
Der Maler und sein ätherisches Modell.

► **Clöe Webb und Gary Oldman in »Sid and Nancy« (1986)**
Grenzbereiche der Liebe. Die wahre Geschichte vom Punker-Pärchen, das sich gegenseitig die Überdosis gibt.

DAS OPFER

Das Opfer der Liebenden kann mit dem Tod enden, doch ist der selbstlose Verzicht manchmal ein genauso bitterer Abbruch der Beziehung. Greta Garbo verzichtet als »Königin Christine« (1933) ihrem spanischen Geliebten, John Gilbert zuliebe auf den schwedischen Thron. (Im Endeffekt ein vergebliches Unterfangen, da er auf dem Weg zu ihr in einem Duell getötet wird. Sie bekommt dadurch einen großartigen, schwermütigen Auftritt an Bord des ablegenden Schiffes in der letzten Szene.) In der Schlußsequenz von »Casablanca« (1942) sagt Humphrey Bogart etwas wie »Ich bin kein nobler Charakter«, beweist dann aber, daß er ja doch einer ist. In »Begegnung« (1945) opfern Celia Johnson und Trevor Howard ihre ehebrecherische Romanze den Werten Anstand und Treue. Die Folgen waren klar, denn ungezügelte Leidenschaft hätte dem Paar eine lebenslängliche Schuld aufgebürdet. Ava Gardner opfert in »Pandora and the Flying Dutchman« (1951) Leib und Leben, um die Seele von James Mason vor der ewigen Ruhelosigkeit auf den Meeren zu retten.

▲ Celia Johnson und Trevor Howard in »Begegnung« (1945)
Züge begegnen sich in der Nacht: Pflicht und Treue triumphieren über außereheliche Leidenschaft. David Leans Verfilmung von Noel Cowards Bühnenstück.

▶ Greta Garbo als »Königin Christine« (1933)
Liebe ist, auf den Thron von Schweden zu verzichten.

Leslie Howard und Ingrid Bergman in »Intermezzo« (1939)
Pizzicato im Herzen: der Geiger und sein Protegé.

Ava Gardner und James Mason in »Pandora and the Flying Dutchman« (1950)
Die femme fatale findet ihren Meister in dem großen, dunklen Fremden mit der geheimnisvollen Vergangenheit.

▶ **Ingrid Bergman und Humphrey Bogart in »Casablanca« (1942)**
Ein nobles Opfer für die gemeinsame Sache.

LIEBEN UND LACHEN

Nicht alle Liebesgeschichten sind tränenreiche Affären mit tragischem Ende. Einige bringen uns zum Lachen, durch Offenbarungen der menschlichen Natur und der romantischen Beziehung an sich. Komödien thematisieren, wie die tragischen Filme, Untreue und Eifersucht. Jack Lemmon, der »Das Appartment« (1960) als Liebesnest an seine verheirateten Kollegen verleiht, verliebt sich selbst ausgerechnet in Shirley MacLaine, die neueste Freundin seines Chefs. Oder Rex Harrison, der in »Unfaithfully Yours« (1948), als Dirigent in einen geradezu pathologischen Zustand der Eifersucht verfällt, bei dem Gedanken, seine junge, unschuldige Frau könnte eine Affäre haben. Keine bessere Figur macht Cary Grant als skrupelloser Zeitungsherausgeber in »Sein Mädchen für besondere Fälle« (1940), als er neue Männerbeziehungen seiner Exfrau und Starreporterin, Rosalind Russell sabotiert.

In diesen verrückten Komödien haben die Frauen immer noch etwas von der femme fatale an sich, doch statt die Männer ins Unglück zu locken, befreien sie sie mit stürmischer Leidenschaft von ihrer nüchternen Langweiligkeit. Sie zählt meist zu einer der beiden Extreme: die reiche (und oft sehr unstete) Frau aus der Gesellschaft oder das gewitzte Mädel mit Herz und Verstand. Komödien bringen mit Vorliebe ganz gegensätzliche Typen zusammen. Barbara Stanwyck setzt als Überfrau in »The Lady Eve« (1941) Henry Fonda, dem schüchternen Schlangenkundler zu und verwirrt als Variété-Künstlerin den weltfremden Ethymologie-Professor Cary Grant in »Ball of Fire« (1941). Katharine Hepburn, die verrückte Erbin läßt sich selbst und ihren Schoß-Leoparden von der Leine und auf den armen Zoologen Cary Grant los: »Leoparden küßt man nicht« (1938). Carole Lombard wirft sich in der Rolle der verzogenen, reichen Göre dem falschen Butler, William Powell, »My Man Godfrey« (1936) (der Herkunft und Reichtum zunächst verschweigt) an den Hals. Greta Garbo, die harte Apparatschick-Frau »Ninotchka« (1939), schmilzt unter dem doppelten Zauber von Paris und Melvyn Douglas in der Funktion des Gigolo. Walter Matthau, der schlaue aber verarmte Playboy in »A New Leaf« (1971) verliebt sich in die ungeschickte Erbin Elaine May, die er eigentlich ermorden sollte.

John Barrymore und Carole Lombard in »Twentieth Century« (1934)

Der Broadway-Manager hat in Howard Hawks Komödie Schwierigkeiten, mit seinem Protegé fertig zu werden.

Gunnar Björnstrand und Ulla Jacobsson in »Das Lächeln einer Sommernacht« (1955)
Ingmar Bergmans romantische Komödie lieferte die Handlung zu Stephen Sondheims Musical »A Little Night Music« (verfilmt 1978) und inspirierte Woody Allen zu »Eine Sommernachts-Sexkomödie« (1982).

► Jean Harlow und Clark Gable in »Hold Your Man« (1933)
In einer Zeit, als Schlafzimmerszenen noch nicht erlaubt waren, bot das Bad eine günstige Gelegenheit, die Dame nackt zu zeigen. Badeschaum war fakultative Requisite.

Henry Fonda und Barbara Stanwyck in »The Lady Eve« (1941)
Der Schlangenfan und die Verführerin in Preston Sturges' klassischer Komödie der sexuellen Anspielungen.

▶ **Cary Grant und Ingrid Bergman in »Indiskret« (1958)**
Der Diplomat und die Schauspielerin.

Clark Gable und Claudette Colbert in »Es geschah in einer Nacht« (1934)

Unterwegs: Reporter trifft durchgebrannte Erbin. Frank Capras romantische Komödie wurde mit einem Oscar prämiert.

Katharine Hepburn und Cary Grant in »Leoparden küßt man nicht« (1938)
Alles raushängen lassen: verrückte Liebe zwischen der reichen Erbin und einem Zoologen in Howard Hawks berühmter Komödie.

Rebecca De Mornay und Tom Cruise in »Risky Business« (1983)
Junge trifft Prostituierte. Lehrstück über die Verwandlung eines normalen Hauses in ein Bordell, wenn Mami und Daddy verreist sind.

LEIDENSCHAFT

Sexszenen gehören natürlich zum Liebesfilm, doch müssen sie nicht immer eindeutig sein, um dem Zuschauer zu bedeuten, worum es geht. Einige Regisseure wie z. B. Alfred Hitchcock bevorzugten die Suggestion des Liebesakts (eine gute Möglichkeit, die Zensur zu umgehen). In »Über den Dächern von Nizza« (1959) symbolisiert ein großes Feuerwerk Grace Kellys Kapitulation vor Cary Grant. Sein Vollzug der ehelichen Rechte mit Eva Marie Saint in »Der unsichtbare Dritte» (1959) wird dem Zuschauer durch die Einfahrt des Zuges in einen Tunnel suggeriert. Doch nicht alle Filmpaare benehmen sich so züchtig. Gerade in den letzten Jahren verzichtete man zunehmend auf Symbolismus zugunsten eindeutiger Darstellungen.

Einige Liebende wagten sich immer weiter vor und erweiterten so die Grenzen des im Mainstream-Kino Erlaubten: Hedwig Kiesler (später als Hedy Lamarr ein Star) tollt in »Extase« (1933) nackt herum und liebt sich mit Albert Mog, wobei die Kamera in Nahaufnahme auf ihr orgasmisch verzücktes Gesicht hält; der Rekord-Kuß von Cary Grant und Ingrid Bergman in »Berüchtigt/ Weißes Gift« (1946), mit viel Gekuschel; Burt Lancaster und Deborah Kerr und ihre realistische Liebesszene in der Brandung des Ozeans in »Verdammt in alle Ewigkeit« (1953); Jeanne Moreau und Jean-Marc Borys ungezügelte Leidenschaft in »Die Liebenden« (1958), bei denen sich die Kamera, nicht wie gewöhnlich diskret ausblendet; Marlon Brandos totale und – mangels Gefühlen – tragische Hingabe an Maria Schneider in »Der letzte Tango in Paris« (1972); Tatsuya Fuji und Eiko Matsuda, die in »Im Reich der Sinne« (1976) in ihrer Beziehung bis zu Verstümmelung und Mord gehen. Sie alle sind nicht unbedingt Liebespaare, denen wir in der Realität unbedingt nacheifern sollten, doch gelten sie und ihre Filme durch ihre Darstellung von Leidenschaft sicher als Meilensteine der Kinogeschichte.

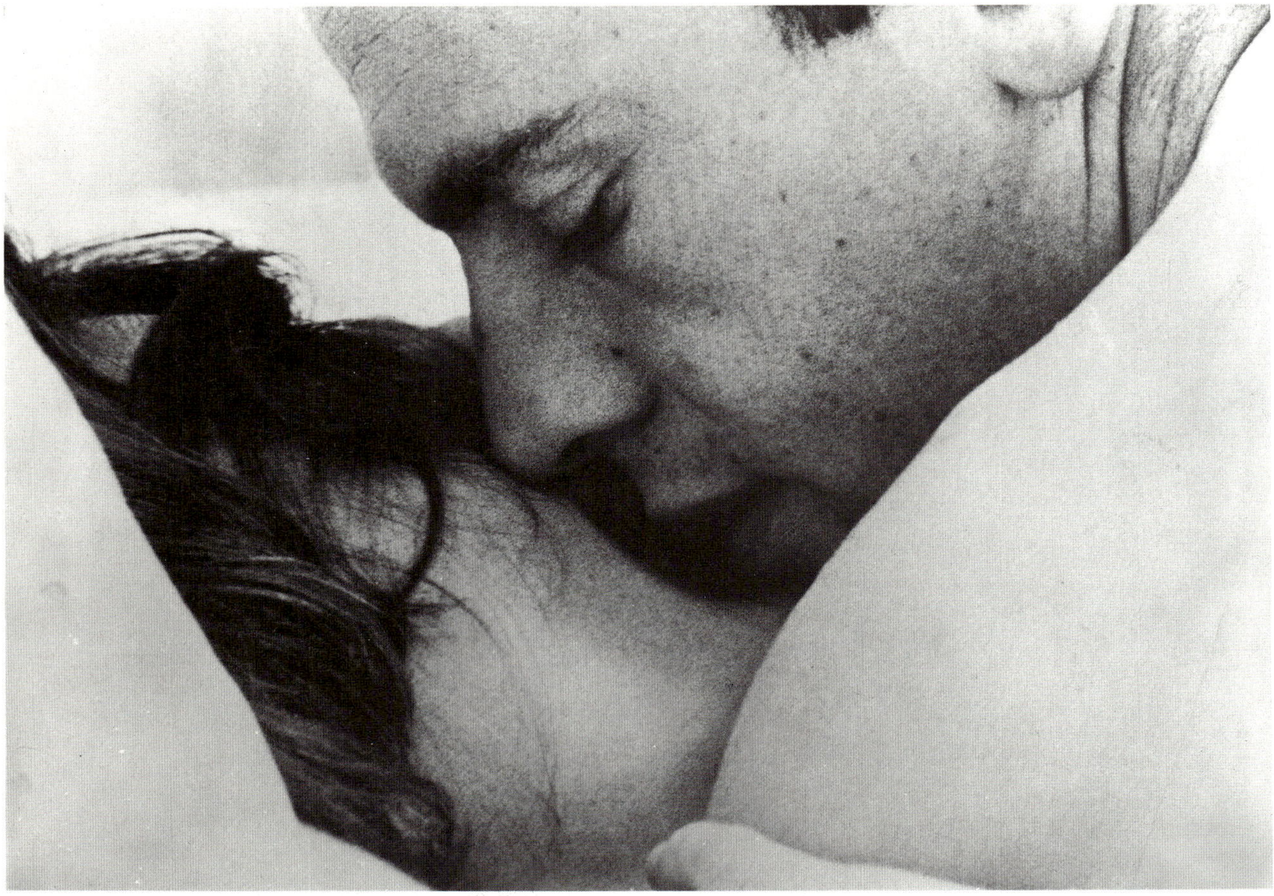

Anouk Aimée und Jean Louis Trintignant in »Ein Mann und eine Frau« (1966)
All you need is love ... und viele Küsse.

Albert Mog und Hedy Lamarr in »Ekstase« (1933)
Ein tschechischer Film, der mit einigen Nacktaufnahmen der Lamarr für Aufregung sorgte.

Patricia Neal und Gary Cooper in »The Fountainhead« (1949)
Architektur und Unmoral in Ayn Rands Verfilmung ihres eigenen Romans.

▲ **Maria Schneider und Marlon Brando in »Der letzte Tango in Paris« (1972)**
Bernardo Bertoluccis Filmstudie über Sex ohne Verantwortung.

◀ **Alain Delon und Marianne Faithfull in »Girl on a Motorcycle« (1968)**
Wenn der Leder-Overall fällt...

▶ **Cary Grant und Grace Kelly in »Über den Dächern von Nizza« (1955)**
Romanze an der französischen Riviera. Die kühle Lady und ihr freundlicher Nachbar, der artistische Räuber.

Jean-Marc Bory und Jeanne Moreau in »Die Liebenden« (1958)
Die gelangweilte Ehefrau und ihr junger Geliebter. Louis Malles Geschichte einer unerlaubten Romanze kam zunächst in Konflikt mit der Zensur.

Burt Lancaster und Deborah Kerr in »Verdammt in alle Ewigkeit« (1953)
Liebende machen sich keine Gedanken über nasse Füße.

Ellen Barkin und Dennis Quaid in »The Big Easy« (1987)
Zickige Weiblichkeit trifft zweideutigen Charmeur. Das Ganze dünn verpackt als New Orleanser Cop-Thriller.

Mel Gibson und Sigourney Weaver in »Ein Jahr in der Hölle« (1982)
Heißer Sex in heißem Klima: heftige Leidenschaft vor dem politischen Hintergrund von Sukarnos Djakarta.

Isabelle Huppert und Gérard Depardieu in »Loulou« (1980)
Das reiche kleine Mädchen und ein bißchen Anarchie.

Jean-Hughes Anglade und Beatrice Dalle in »Betty Blue – 37,2 am Morgen« (1986)
Der Schriftsteller, seine Muse, und zwischendurch wird Liebe gemacht.

LIEBE DER VERGANGENHEIT

HISTORISCHE LIEBESGESCHICHTEN

Die Sache mit der Liebe ist nichts Neues. Seit Adam und Eva ist die Welt voll von Junge-trifft-Mädchen-Stories. Filmemacher haben sich nie gescheut, zum Zweck der Inspiration die Archive zu plündern. Die Ursprünge vieler Filmpaare lassen sich zu den klassischen Tragödien von Tod und Verlangen in der Literatur und Geschichte zurückverfolgen.

Populäre Unterhaltung wurde von den Intellektuellen lange Zeit verachtet, sie bevorzugten Kunst für ein ausgesuchtes, exklusives Publikum. Erst in den fünfziger (in Frankreich) und den sechziger Jahren (in der restlichen westlichen Welt) erreichte der Film einen seriösen Status als Kunstform, gleichwertig mit Literatur und Theater. In den Dreißiger und Vierziger versuchten bereits Mogule, wie David O. Selznick, Anerkennung als Künstler und Geschäftsmänner zu finden. Sie vertraten die irrige Ansicht, daß das gewöhnliche Melodram durch literarische Vorlagen, von Dickens oder Tolstoi zum Beispiel, eine Art kulturelle Patina erlangen könnte. Selbst heute ist es für einen Film voller akribisch historischer Details und klassischer Literaturvorlage nicht leicht, seriöse Kritiken zu bekommen.

Es ist nicht verwunderlich, daß Filmemacher wieder und wieder auf Klassiker mit zeitlosem Reiz zurückgreifen. Shakespeares »Romeo und Julia« lieferte die Vorlage zu allen Geschichten unglückseliger Liebe und war jahrzehntelang Dauerbrenner bei Regisseuren und Schauspielern, von denen sich die meisten nicht daran störten, für dieses jugendliche Liebespaar schon etwas zu »reif« zu sein. So leitete Irving G. Thalberg 1938 eine Produktion des Klassikers mit seiner Frau, Norma Shearer und Leslie Howard in den Hauptrollen, die damals 32 und 45 Jahre alt waren. Laurence Harvey und Susan Shentall lieferten 1954 eine recht phantasielose, britische Version. Erst Franco Zeffirelli landete 1968 einen Coup mit den Teenagern Olivia Hussey und Leonard Whiting in den Hauptrollen. Diese Version wurde dem jugendlichen Publikum ebenso wie den Literaturliebhabern gerecht. Die »West Side Story« (1961) fügte dem klassischen Stoff noch Musik und Tanz hinzu und verlegte den Schauplatz ins New York der fünfziger Jahre. Ein großer Erfolg war auch die Produktion des Royal Ballet mit Margot Fonteyn und Rudolf Nurejew in den Hauptrollen (1966), ebenso die sino-italienische Version »China Girl« (1987). Shakespeares »Der Widerspenstigen Zähmung« und »Macbeth« brachten eine Menge zänkischer und

Greta Garbo und Robert Taylor in »Die Kameliendame« (1936)
Aufopferung für die Familienehre des Geliebten. Garbos Darstellung der – im Original schon etwas verwelkten – Kurtisane.

▲ **John Gilbert und Lillian Gish in »La Bohème« (1926)**
Puccini im Stummfilm: Mimis letzte Züge in King Vidors stummer Version der Oper, die wiederum auf der Vorlage von Henry Murgers »Scènes de la Vie de Bohème« basiert.

▶ **Olivia Hussey und Leonard Whiting in »Romeo und Julia« (1968)**
Shakespeare für Teenager: Franco Zeffirellis üppige Filmversion der unglückseligen Liebe bekam besondere Würze durch ihre jugendlichen, leidenschaftlichen Darsteller.

verbrecherischer Paare auf die Leinwand, während viele schwankende Hamlets und verdächtige Othellos mit ihren Ophelias und Desdemonas umsprangen.

Emily Brontë lieferte den Stoff zu »Stürmische Höhen« (1939), bis heute *die* leidenschaftliche Liebesgeschichte. Unter der Regie von William Wyler spielten Laurence Olivier und Merle Oberon auf unvergeßliche Weise den Bösewicht Heathcliff und die unschuldige Cathy. (Luis Buñuel drehte 1954 eine mexikanische Version derselben Geschichte.) »Jane Eyre«, ein Roman von Emilys Schwester, Charlotte Brontë wurde 1944, als Triumph der wahren Liebe über Blindheit, mit Orson Welles und Joan Fontaine verfilmt. In Anlehnung an dieses Buch war bereits der stimmungsvolle Gruselfilm »I Walked With a Zombie« (1943) gedreht worden, eine Billigproduktion von Val Lewton unter der Regie von Jacques Tourneur. Jane Austens »Stolz und Vorurteil« bescherte uns ein zänkisches aber geistreiches Paar (eine Art Nick und Nora Charles aus dem vorigen Jahrhundert); verfilmt 1940 mit Greer Garson in der Rolle der Elizabeth und Laurence Olivier als Darcy. »The Barretts of Wimpole Street« wurde gleich zweimal verfilmt: 1934 und 1957, vom gleichen Regisseur, Sidney Franklin. Die Romanze verarbeitet Geschichte und Literatur: der Dichter Robert Browning wirbt erfolgreich um eine »Kollegin«, Elizabeth Barrett.

Auch die französische Literatur steuerte ihr »Kontingent« an Liebespaaren bei. »Madame Bovary«, Gustave Flauberts klassischer Roman über eine Ehefrau, die die Realität nicht erträgt, sich romantischen Illusionen hingibt und schließlich einer unrechtmäßigen Liebschaft ihre gesicherte bürgerliche Existenz opfert. Der Roman wurde 1943 von Jean Renoir mit Valentine Tessier in der Hauptrolle verfilmt. 1949 drehte Vincent Minelli seine Version mit Jennifer Jones in der Rolle der Emma. »La Bête humaine/Bestie Mensch«, Emile Zolas kraftvolle Tragödie um Lust und Lokomotiven, verfilmte Renoir 1938. Jean Gabin, in der Rolle des triebhaften Lokomotivführers, wird von seiner Geliebten, Simone Simon gedrängt, ihren Ehemann zu ermorden. (Gabin tötet statt dessen sie und bringt sich dann aus Verzweiflung selbst um.) Im Hollywood-Remake von 1954, »Lebensgier«,unter der Regie von Fritz Lang, wurde das Filmpaar Glenn Ford und Gloria Graham (»Heißes Eisen«, 1953) wiedervereinigt. Das Ergebnis: eine etwas verwässerte Geschichte, aus dem Triebtäter war ein eifersüchtiger Held geworden.

Stendhals Romane »Rot und Schwarz« und »La Chartreuse de Parme«, in denen der Held sich zwischen dem unschuldigen, unerfahrenen Mädchen und der älteren, reifen Frau zu entscheiden hat, wurden beide mit Gérard Philipe in der Hauptrolle

verfilmt. In »Rot und Schwarz« (1954) spielte Danielle Darrieux, unter der Regie von Claude Autant-Lara, den Part der reifen Frau; 1948 hatte Maria Casarès die ganz ähnliche Rolle in »La Chartreuse de Parme« gespielt. Beide Filme konzentrierten sich verständlicherweise stärker auf die Liebesbeziehungen als auf den introvertierten Charakter von Stendhals Helden; Literatur-Verfilmungen haben eben die Eigenschaft, ihre Vorlage zu verkürzen und zu vereinfachen. Victor Hugos klassische Geschichte von der Schönen und dem Biest, »Notre Dame de Paris« wurde dreimal als »Der Glöckner von Notre Dame« verfilmt, mit Lon Chaney (1923), Charles Laughton (1939) und Anthony Quinn (1956) jeweils in der häßlichen, und Patsy Ruth Miller, Maureen O'Hara und Gina Lollobrigida in der schönen Hauptrolle. Alexandre Dumas fils (Sohn) schuf mit seinem Roman »La Dame aux Camélias/Die Kameliendame« eine der beliebtesten tragischen Heldinnen, auch des Kinos. Am bemerkenswertesten wohl George Cukors Verfilmung von 1936 mit Greta Garbo (unter dem verwirrenden Titel »Camille«, obwohl die Kurtisane ja Marguerite heißt). Außerdem schmachteten, neben vielen anderen, Sarah Bernhardt, Theda Bara, Nazimova,

Gary Cooper und Helen Hayes in »In einem anderen Land« (1932)
Ernest Hemingways Geschichte von »Liebe unter Beschuß« bekam dank der Regie von Frank Borzage ihren romantischen Touch. Diese »horizontale« Szene brachte Schwierigkeiten mit der Zensur.

Pola Negri und Norma Talmadge in dieser Rolle. »Camille 2000« (1969) spickte die aktualisierte Tragödie mit Sex und Drogen und ließ die Heldin schließlich unter einem Sauerstoffzelt ihr Leben aushauchen. Zeffirelli drehte Verdis prächtige Opernfassung »La Traviata« (1982), mit Teresa Stratas und Placido Domingo, die sich vor luxuriöser Ausstattung die Seele aus dem Leib singen.

Rivalin der Emma Bovery um den Titel der berühmtesten Ehebrecherin der Literatur ist Leo Tolstois »Anna Karenina«. Die Garbo spielte sie zweimal: zum ersten Mal in »Liebe« (1927), mit John Gilbert und einem (literarisch falschen) angehängten Happy-End und später, 1935, mit Frederic March. In Julien Duviviers Verfilmung von 1948 folgte Vivien Leigh der Garbo unter den Zug. Anzumerken wäre an dieser Stelle, daß das Kino dem Beispiel der Literatur folgt und ungesetzliche, außereheliche Leidenschaft nur selten ungestraft davonkommen läßt. Wir dürfen zwar Mitleid empfinden für die Heldin, die mit ihrem Gewissen kämpft oder sich nach Leidenschaft außerhalb der ehelichen Eintönigkeit sehnt, doch der Lohn für die Sünde muß der Tod sein, und die Frau, die ihren Mann hinter-

Fortsetzung Seite 188

Henry Wilcoxon und Claudette Colbert in »Kleopatra« (1934)
Cecil B. De Milles Epos aus dem alten Ägypten erlaubte ihm, seiner Vorliebe für prunkvolle Exotik zu frönen: Das Lieblingspaar der Geschichte umgeben von nackten Tänzerinnen und Goldverzierungen. *Photograph: Ray Jones*

▶ **Jean Gabin und Simone Simon in »La Bête Humaine« (1938)**
Jean Renoirs Version von Zolas Roman über einen psychopathischen Lokomotivführer und seine Geliebte. Später verfilmte Fritz Lang den Stoff mit Glenn Ford und Gloria Grahame. *Photograph: Sam Jevin*

▼ **Laurence Olivier und Merle Oberon in »Wuthering Heights« (1939)**
Die Samuel-Goldwyn-Produktion nach Emily Brontës klassischem Roman unter der Regie von William Wyler.

▲ Laura Del Sol und Antonio Gades in »Carmen« (1983)
Diese Flamenco-Version unter der Regie von Carlos Saura verwischte die Grenzen zwischen Realität und Theater.

geht oder ein Leben unmoralischer Vergnügungen führt, kann einem tragischen Schicksal nicht entrinnen.

Prosper Mérimée schuf mit »Carmen« eine weitere, unsterbliche Heldin. Diese dramatische Geschichte wurde 18mal verfilmt, unter anderem mit Theda Bara, Pola Negri, Rita Hayworth und Dorothy Dandrige in der nur mit Farbigen besetzten »Carmen Jones« (1954), einer Adaption von Bizéts Opernfassung. In jüngster Zeit standen eine ganze Reihe heißblütiger Señoritas vor der Kamera: in Jean-Luc Godards »Vorname Carmen« (1983), Carlos Sauras Flamenco-Version (1983), Francesco Rosis Verfilmung der Oper (1983) und in Peter Brooks Triptychon der Mädchen von der Zigarettenfabrik. Carmen ist eigentlich keine femme fatale, sondern eher freche Schlampe, die auf althergebrachte Weise aufsteigt.

Die Bibel ist vielleicht nicht gerade primärer Fundus der Filmpaare, doch immerhin entsprangen ihren Seiten »Samson und Delilah« (1949), mit Hedy Lamarr, die den Muskelprotz Glenn Ford rasiert; »David und Bathsheba« (1951), in dem Gregory Peck sich mit Susan Hayword anfreundet, nebenbei die Philister fertigmacht und alles erledigt, worum sich ein alttestamentarischer König zu kümmern hat; »King David« (1985), mit Richard Gere und Alice Krige; und schließlich Cecil B. De Milles »Die zehn Gebote« (1923 und 1956), mit denen es ihm gelang, dem Buch Exodus Liebesgeschichten abzuringen und die religiöse Botschaft dieser Filme mit einigen seiner typischen, orgiastischen Szenen zu verbinden.

Wenn man Eva als erste femme fatale bezeichnet, muß man zugeben, daß Kleopatra sie in ihren Methoden – von Mode und Make-up ganz zu schweigen – weit übertraf. Das ägyptische Klima konnte als so mild eingestuft werden, daß die Darstellerin in einer Art historischem Bikini vor die Kamera treten durfte. Die Affäre mit Antonius und der Selbstmord mit der Schlange boten genug Stoff für eine romantische Tragödie. Bevor Theda Bara im Jahr 1917 die Natter an den Busen legte, hatte man Kleopatra schon mindestens viermal verfilmt. Nach der Bara spielte Claudette Colbert die Rolle in einer typischen De Mille-Produktion von 1934; in »Caesar und Kleopatra« (1945) trat Vivien Leigh zu Ehren von George Bernard Shaw vor die Kamera; Elizabeth Taylor machte 1963 in ihrem Riesenflop keine gute Figur; erwähnenswert noch Charlton Heston, der außer seiner Hauptrolle neben Hildegard Neil in Shakespeares »Antonius und Kleopatra« (1973) auch die Regie führte; und schließlich Amanda Barrie in »Carry on Cleo« (1965), die es mit komischen Getreuen, wie Sid James und Kenneth Williams zu tun hat.

Historische Epen, wie Anthony Manns »El Cid« (1961), mischen in die Legende ihrer Heroen meist auch die menschliche Perspektive. So muß also Charlton Heston das ruhige Leben mit Weib (Sophia Loren) und Kindern aufgeben, um ehrenvoll zu sterben und noch im Tod die Mauren aus Spanien zu vertreiben, indem man seine Leiche aufrecht in den Sattel bindet. Historische Persönlichkeiten, die friedlich und zufrieden dahinleben und hübsch alt daheim im eigenen Bett sterben, sind für die Leinwand kaum geeignet. Niemand hat zum Beispiel bisher einen Film über Queen Anne gedreht. Was man braucht ist Liebe im Konflikt zwischen Pflicht und Leidenschaft, ein sehr nobles Opfer und tragischen (wenn auch moralisch erhebenden) Tod.

In den Achtzigern riß man sich in der Filmbranche geradezu um literarische Stoffe. Das Regie-Produktions-Team James Ivory und Ismail Merchant verfilmte die Geschichten von Henry James und E. M. Forster. »Zimmer mit Aussicht« (1985), diese

Fortsetzung Seite 194

▶ Rita Hayworth in »The Loves of Carmen« (1948)
Prosper Mérimées Geschichte von der hitzköpfigen Señorita wurde mehrere Male verfilmt. Hayworths Don José war Glenn Ford, der schon »Gilda« (1946) und später »Affair in Trinidad« (1952) mit ihr drehte. *Photograph: Cronenweth*

Joan Fontaine, Laurence Olivier und Judith Anderson in »Rebecca« (1940)
Das ewige Problem der Dreierbeziehung. Eine der Beteiligten ist zwar bereits tot, wird jedoch von der Haushälterin in Hitchcocks Verfilmung der unheimlichen Romanze von Daphne du Maurier vehement vertreten.

▲ **Richard Beymer und Natalie Wood in »West Side Story« (1961)**
Romeo und Julias Rückkehr in das New York der fünfziger Jahre; die Musical-Version von Shakespeares oft verfilmtem Liebesdrama.

▶ **Charlton Heston und Sophia Loren in »El Cid« (1961)**
Anthony Manns mittelalterliches Spektakel, in dem Cid Frau und Kinder verläßt, um im heldenhaften Kampf gegen die Mauren zu sterben.

▲ **Audrey Hepburn und Sean Connery in »Robin and Marian« (1976)**
Rückkehr in den Sherwood Forest. Liebe in der Menopause, in Richard Lesters Wiederbelebung historischer Figuren.

▶ **Julian Sands und Helena Bonham Carter in »Zimmer mit Aussicht« (1985)**
E. M. Forsters Komödie der englischen Sitten, geschmackvoll verfilmt vom Team Merchant-Ivory.

leichte, charmante Geschichte einer jungen Engländerin, die sich Leidenschaft nicht zutraut, wurde *der* Kassenschlager der letzten Jahre. Forsters »Reise nach Indien« (1984) war bei Regisseur David Lean in besten Händen. Solche Filme, so sehr sie sich auch an ihre literarische Vorlage halten, laufen aber Gefahr, menschliche Beziehungen durch eine geradezu pedantische Fülle historischer Details zu erdrücken; meist sind es Filme für Leute, die eigentlich das Kino nicht mögen.

Hollywood hat durch Filme wie Sydney Pollacks »Jenseits von Afrika« (1984) unter Beweis gestellt, daß es noch imstande ist, prestigeträchtige Produktionen zu schaffen. Dieser Film verbindet die Elemente literarische Biographie (das Leben der dänischen Schriftstellerin Karen Blixen), Reisebericht (die malerische Landschaft Kenias) und Nostalgie-Romantik (Erinnerungen an die Zeit des Kolonialismus), dies alles dient aber hauptsächlich als Hintergrund einer Liebesgeschichte großen Stils. Meryl Streep hegt ihre Leidenschaft für Robert Redford, ihren britischen Geliebten. Diese schwergewichtige Mixtur hatte, trotz der manirierten Darstellung der Streep, außerordentlichen Erfolg bei Publikum und Juroren von Academy Award und Oscar.

DAS SELTSAME PAAR
UNGEWÖHNLICHE BEZIEHUNGEN

Die Beziehungen des romantischen Mainstream bestehen für gewöhnlich zwischen Männern und Frauen kaukasischen Typs, mit regelmäßigen Gesichtszügen, guter Figur. Die Liebenden sind frei von alltäglichen Problemen und Problemchen wie Schuppen, Ausschlag, Keuchhusten oder der gewöhnlichen Erkältung; wenn Held oder Heldin erkranken, handelt es sich um außergewöhnliche oder besonders gefährliche Leiden. Trägt man auf der Leinwand Brille, dann eher um akademischen Intellekt oder Verschrobenheit anzuzeigen, als um besser zu sehen. Außerdem dient die Brille dazu, abgelegt zu werden, wenn die Heldin, durch ihre Liebe gewandelt, glatt und begehrenswert aus ihrem altmodischen, uneleganten Kokon schlüpft. Doch sind die Liebenden eine im Film allgegenwärtige Spezies. Obwohl ihre Wurzeln im romantischen Genre und seinen Variationen liegen, tauchen sie plötzlich dort auf, wo man sie am wenigsten erwartet. An solchen ungewöhnlichen Orten handelt es sich dann eher selten um Pin-up-Erscheinungen. Manchmal sind sie nicht einmal menschliche Wesen. Dennoch, sie lieben und hassen wie jeder andere auch.

Gaston Leroux' Anti-Held »The Phantom of the Opera« besitzt hinter seinem erschreckend entstellten Gesicht durchaus menschliche Begierden und fördert die Karriere seines schönen Protegé auf eine Weise, die an einen verrückt gewordenen Darryl F. Zanuck erinnert. Lon Chaney terrorisierte in dieser Rolle Mary Philbin (1925), gefolgt von Claude Rains und Susanna Foster (1943) und Herbert Lom, der 1962 Heather Sears in Angst und Schrecken versetzte. William Finlay spielte dieselbe Rolle in Brian De Palmas Rock-'n'-Roll-Parodie »Phantom of the Paradise« (1974) mit Jessica Harper als Opernsängerin.

David Cronenbergs Remake von »The Fly« (1986) ist trotz der gruseligen Effekte bei der Verwandlung von Jeff Goldblum in ein Monster, weniger ein Horror-Film, denn eine bewegende Liebesgeschichte vom Verfall des Fleisches und den Auswirkungen auf die Beziehung zwischen Goldblum, dem seltsamen Wissenschaftler und Geena Davis, einer Journalistin.

Filme, in denen Monster oder ähnliche Gestalten eine Beziehung zu einem menschlichen Wesen entwickeln, sind eigentlich verdeckte Variationen des Tabu-Themas Bestialität. Jean Cocteaus »La Belle

Lon Chaney und Mary Philbin in »The Phantom of the Opera« (1925)
Der Mann in der Monster-Maske und seine Primadonna. Erste und zugleich beste Filmversion von Gaston Leroux. Melodram Grand Guignol.

Fay Wray in »King Kong« (1933)
Großer, dunkler Typ sucht zierliche Blondine mit kräftigen Lungen, als Partnerin für Vogelfang, Wolkenkratzer-Klettern und vieles mehr.

► Jean Marais und Josette Day in »La Belle et la Bête/Die Schöne und das Biest« (1946)
Jean Cocteaus märchenhafte Liebesgeschichte. Die Schöne mit ihrem menschlichen Freier, der sich vielleicht wieder in die sympathische Version Biest verwandeln wird.

et la Bête / Die Schöne und das Biest« (1946) ist das klassische Märchen von der Liebe einer Frau zu einem Monster. Allerdings stellt Jean Marais das Biest so sympathisch dar, daß seine Verwandlung in einen »gewöhnlichen« Prinzen geradezu enttäuscht. Jede Frau mit Geschmack hätte ihm Raubtiergebiß, Pelz und animalisches Begehren sicher vorgezogen. Die Schöne und ihr Biest treten noch in ganz anderen Variationen auf. »King Kong« (1933) zum Beispiel erweckt unser Mitgefühl, selbst wenn er U-Bahn-Passagiere zertritt und Flugzeuge zerbröselt, eben wegen seiner verrückten, unverständlichen Leidenschaft für Fay Wray.

Boris Karloff liefert in »Bride of Frankenstein« (1935) eine ergreifende Darstellung unerwiderter Liebe, und zwar nicht für ein menschliches Wesen, sondern für ein anderes Monster, Elsa Lanchester mit Schock-Frisur. Die beiden scheinen zwar, im wahrsten Sinne des Wortes für einander geschaffen, doch nicht einmal das garantiert ja eine harmonische Beziehung. John Carpenter beschreibt in »Starman« (1984) die Liebe zwischen einem Außerirdischen, der praktischerweise das menschliche Äußere von Jeff Bridges annimmt, und der irdischen Karen Allen. Sie bleibt am Schluß in Erwartung eines gemeinsamen Kindes allein zurück. Der Film gibt keine Hinweise darüber, wem der beiden Eltern der Sproß wohl nachgeraten wird oder wie die Vormundschaftsbehörde sich verhalten wird. Das sind eben die Risiken einer »gemischten« Partnerschaft.

Dracula war schon immer der tödlichste aller Geliebten, obwohl erst Christopher Lee (ab 1958) und Frank Langella (1979) Béla Lugosis unheimlicher aber doch etwas plumper Darstellung (1931) einen gewissen Sex-Appeal hinzufügten. Sie stürzten sich auf ihre weiblichen Opfer, die ganz scharf darauf zu sein schienen, ihre Halsschlagadern vom dunklen, schönen und liebenswürdigen Fremden aussaugen zu lassen. In Werner Herzogs »Nosferatu: Phantom der Nacht« (1979) ist Klaus Kinski zwar häßlich wie die Sünde, doch versteht er es, uns die letzten, fast mitleidweckenden Gefühle des »Untoten« angesichts von Isabelle Adjanis nobler Selbstopferung zu vermitteln. Der Vampir ist aber sicher mehr als ein beliebiges Schreckgespenst der Leinwand. Er erinnert an sexuellen Symbolismus und nicht selten befreit sein Biß die Libido des Opfers aus den engen Schranken verklemmter Bürgerlichkeit (selbst wenn ein gewisser Mangel an Diskretion dem Opfer und neuen Vampir einen Pflock im Herzen beschert).

Pädophilie wurde verständlicherweise im Kino nie thematisiert (der Production Code verbot jegliche Darstellung kindlicher Sexualorgane, selbst im harmlosesten Zusammenhang). Trotzdem setzte sich Graham Green mit seiner Äußerung,

Fortsetzung Seite 203

Elsa Lanchester und Boris Karloff in »The Bride of Frankenstein« (1935)
Füreinander gemacht: James Whales Horror-Phantasie von den kupplerischen Experimenten der Wissenschaft. Die Lanchester spielte auch die Mary Shelley im Prolog dieses Films.

Isabelle Adjani und Klaus Kinski in »Nosferatu, Phantom der Nacht« (1979)
Der letzte Liebesbiß des »untoten« Geliebten in Werner Herzogs Remake von F. W. Murnaus Stummfilm »Nosferatu« (1922).

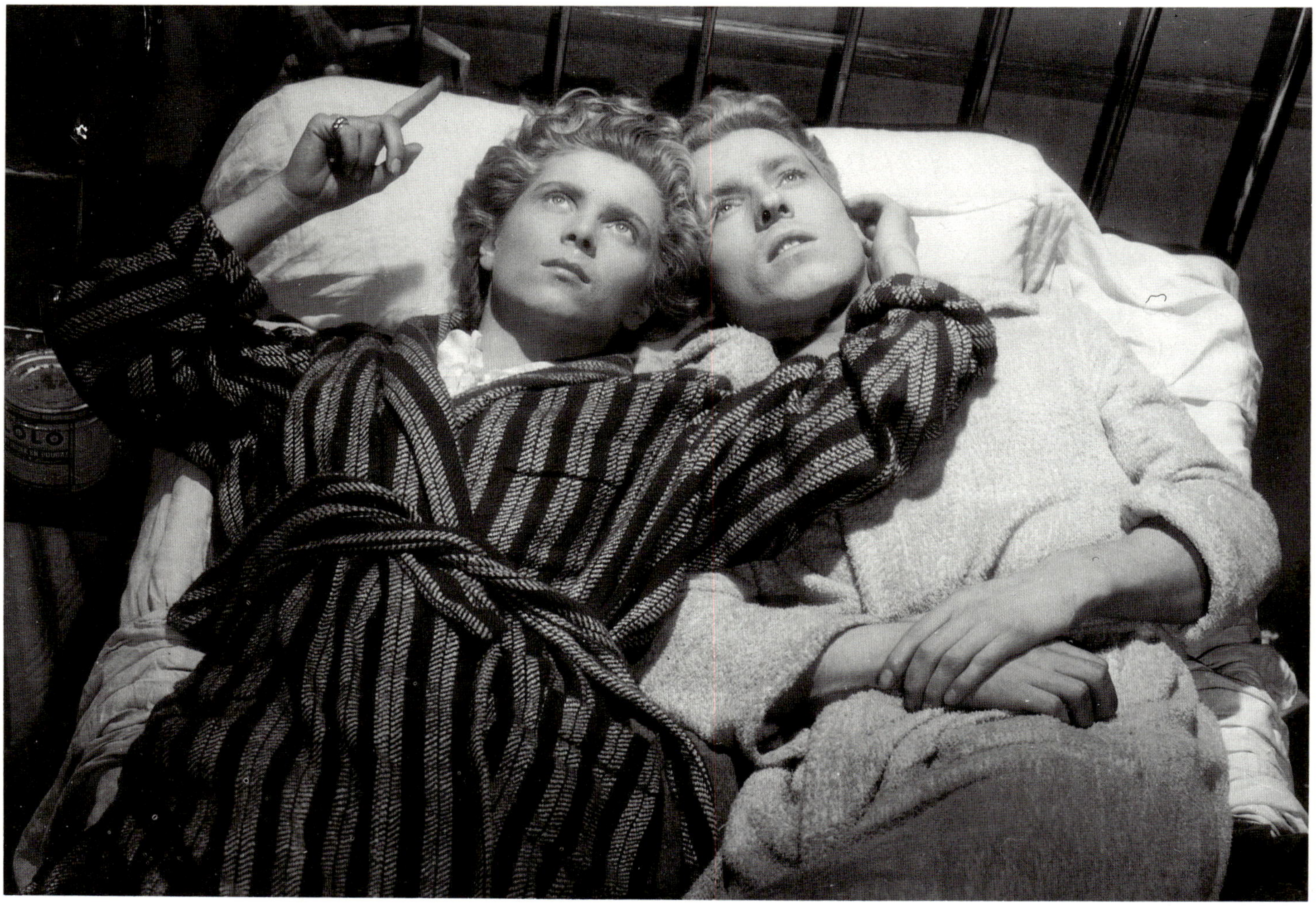

Nicole Stephane und Edouard Dermith in »Die schrecklichen Kinder« (1949)
Jean-Pierre Melvilles Verfilmung von Cocteaus Geschichte einer obsessiven Beziehung zwischen Bruder und Schwester.

Karen Allen und Jeff Bridges in »Starman« (1984)
Die Witwe und der Außerirdische in Gestalt ihres toten Mannes – »E. T.« plus Liebesszenen.

Shirley Temples Appeal sei alles andere als kindlich, ziemlich in die Nesseln. Elia Kazan zog sich bei der Verfilmung von Tennessee Williams »Baby Doll« (1956) aus der Affäre, indem er Caroll Baker als daumenlutschende Kindfrau wählte, die damals jedoch schon gute zwanzig war. Wladimir Nabokovs »Lolita« brachte Stanley Kubrick 1962 mit der sechzehnjährigen Sue Lyon auf die Leinwand. James Mason spielte die Rolle des ältlichen Humbert Humbert, der das ziemlich reife Nymphchen begehrt.

In den Siebzigerjahren machte man sich wegen der Minderjährigkeit von Darstellerinnen keine Gedanken mehr. Die zwölfjährige Jodie Foster spielte in »Taxi Driver« (1976) ein Strichmädchen und Robert De Niros Objekt der Leidenschaft. Brooke Shields war nicht viel älter, als sie in Louis Malles »Pretty Baby« (1978) eine Prostituierte mimte, in die sich der Photograph Keith Carradine verliebt. Zuvor hatte Malle sich in »Herzflimmern« (1971) mit dem Thema Inzest zwischen Mutter und Sohn befaßt; ebenso Bernardo Bertolucci in »La Luna« (1978), in dem die Diva Jill Clayburgh mit ihrem drogensüchtigen Sohn, Matthew Barry, ins Bett geht. Anspielungen auf Inzest enthält auch Jean-Pierre Melvilles »Die schrecklichen Kinder« (1950); Bruder und Schwester, gespielt von Edouard Dermith und der großartigen Nicole Stephane, sind voneinander berauscht.

Obwohl Liebesfilme häufig Extrembereiche thematisieren und viele Schauspieler sich auf eine Weise behandeln lassen, die schon an Perversität grenzt, hat der unverhohlene Sadomasochismus erst relativ spät Eingang ins Kino gefunden. Er bricht zwar hervor in Szenen wie in »Der letzte Schleier« (1945), wenn James Mason mit seinem Spazierstock auf Ann Todds Hände schlägt; er wird auch angedeutet in Situationen, die auf den ersten Blick unschuldig, auf den zweiten schändlich wirken, wie an Stühle gefesselte Frauen oder Helden, die im Umgang mit willensstarken Partnerinnen eine lockere Hand haben.

Alain Robbe-Grillet baute in seine verwickelte Geschichte des »Trans-Europ-Express« (1967) eine derartige Szene ein: Jean-Louis Trintignant fesselt Marie-France Pisier ans Bett. Luis Buñuel enthüllt in »Die Schöne des Tages« (1967) die masochistischen Phantasien der Catherine Deneuve, die hinter dem Rücken ihres reichen Ehemanns, tagsüber in einem Bordell arbeitet. Barbet Schroeders »Maîtresse« (1976) entdeckt das normale Herz, das in der lederverhüllten Brust einer Domina schlägt (Bulle Ogier wird von Gérard Depardieu von ihrer dressierten Kundschaft befreit). Pier Paolo Pasolini versuchte mit »Die 120 Tage von Sodom« (1975) ein Werk des Marquis de Sade auf die Leinwand zu bringen. Durch den als Hintergrund gewählten italienischen Faschismus ironisierte der Regisseur die surrealistische Philosophie des Buches nur zu schrecklichem Exhibitionismus von Mord und Zerstörung.

Die letzte Mainstream-Produktion Hollywoods, die sich ausschließlich mit extravaganten Begierden auseinandersetzte war »9½ Wochen« (1986), ein schallender Flop. Man war sich einig, daß dieser Film nicht weit genug ginge; die Sexszenen verharmlost durch trickreiche Hintergrundbeleuchtung, Weichzeichner und Designer-Ambiente, war es nicht mehr als die Vorstellung des Yuppies von einer perversen Beziehung, mit Kim Basinger und Mickey Rourke in den Rollen der Kleiderpuppen. Viel besser zum Ausdruck kam Sadomasochismus in David Lynchs »Blue Velvet« (1986). Hier gelang es, die dunklen Seiten des Sex und die Verbindung zur Gewalt zu ergründen; da erlaubte Isabella Rossellini, die Tochter von Ingrid Bergman und Robert Rosselini, Dennis Hopper unaussprechliche (aber filmbare) Dinge mit ihr zu tun.

Wie immer, riskiert die Masse der Filmemacher nichts und versucht jegliche Perversion, die Schwierigkeiten mit der Zensur bringen könnte, zu vermeiden, außerdem würde dadurch der Kassenerfolg eventuell in Gefahr geraten. Die düsteren Gefilde der Liebe zu erforschen bleibt somit hauptsächlich den europäischen Autoren-Filmern überlassen, Außenseitern wie David Lynch oder Meistern des Horrors wie David Cronenberg. Von ihnen hängt es ab, ob die Liebenden der Leinwand fortfahren werden, uns auch ihre dunkle Natur zu enthüllen.

▶ **James Mason und Sue Lyon's Beine in »Lolita« (1962)**
Der Professor und das Nymphchen: Stanley Kubricks Verfilmung von Nabokovs Bühnenstück bzw. Roman.

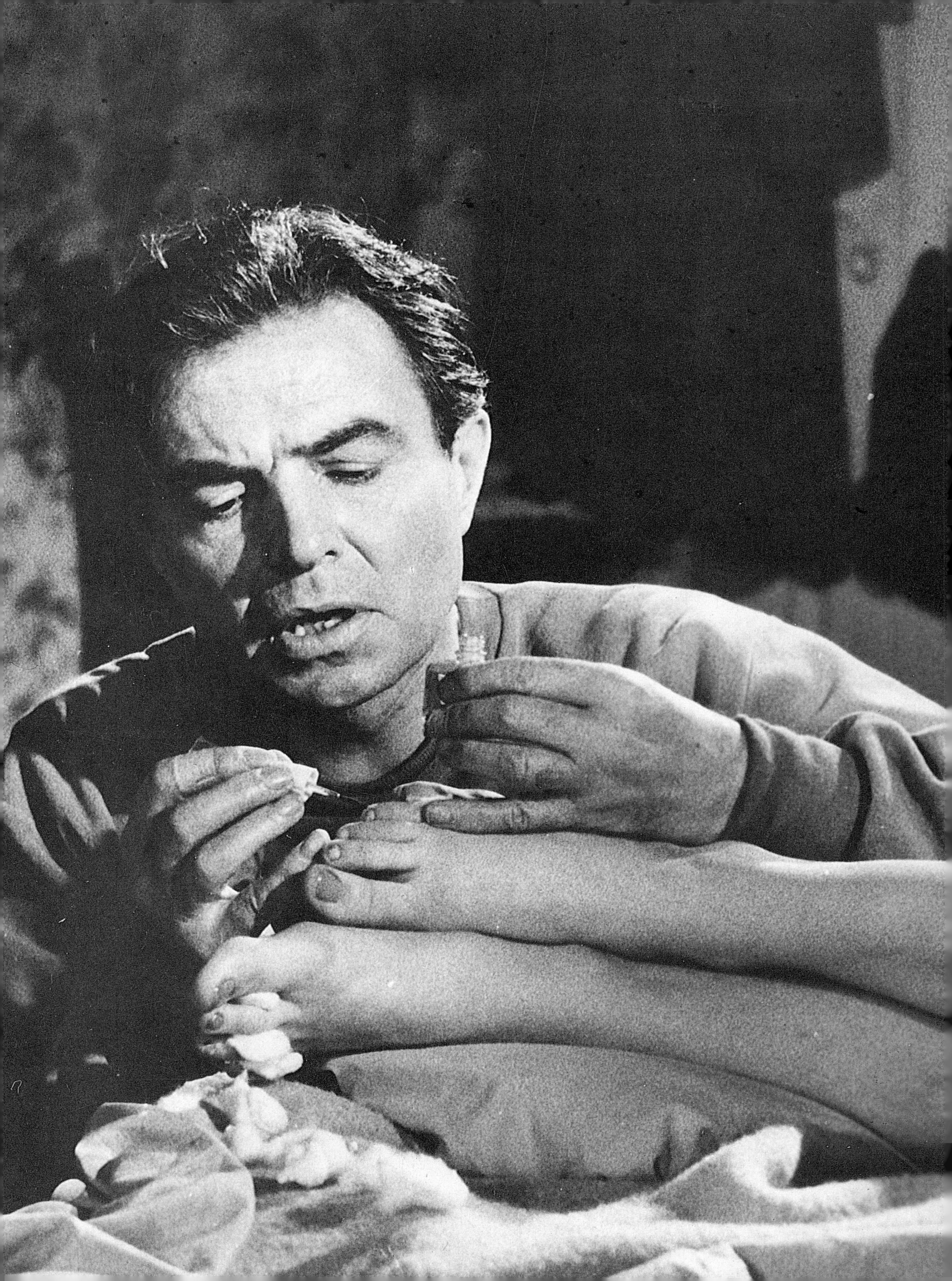

Tatsuya Fuji und Eiko Matsuda in »Im Reich der Sinne« (1976)
Liebe endet mit Tod und Verstümmelung in Nagisa Oshimas provozierender Studie über die sexuelle Besessenheit.

◄ Kyle MacLachlan und Isabella Rosselini in »Blue Velvet« (1986)
Die krankhafte Schwachstelle des provinziellen Amerika. David Lynchs Blick auf die dunklen Seiten der Sexualität.